C. A. PRESS

Tu Quinceañera

Aleyso Bridger-Quiroz, como fundadora y directora ejecutiva de Bridger Communications y ECO Consulting USA, se ha posicionado como una verdadera estratega de las comunicaciones y relaciones públicas en el mercado latino. Graduada en Periodismo y Comunicación Social, Aleyso inició su vida profesional en la reconocida RCN, Barranquilla, donde conformó el equipo de noticias nacionales, llegando a cubrir importantes eventos, tales como la visita a Colombia del presidente George W. Bush. Fue ejecutiva en el área de publicidad y *marketing* para el diario *El Tiempo*, uno de los periódicos más importantes de Latinoamérica, fue conductora y periodista de radio llegando a entrevistar a artistas como Shakira y Enrique Iglesias, y fue publicista para artistas de la casa discográfica Sonolux, posicionando en Colombia a artistas como Carlos Vives, Marc Anthony y Celia Cruz.

Luego de especializarse con un posgrado en Marketing y estudios en Londres donde actualizó sus conocimientos en relaciones públicas y medios de comunicación, Aleyso se ha desempeñado en cargos estratégicos en empresas multinacionales como directora sénior de Comunicaciones y Relaciones Públicas para Latinoamérica y Estados Unidos, implementando estrategias exitosas en Colombia, República Dominicana, Venezuela, Ecuador y México. Cuenta con más de diez años de experiencia en eventos corporativos de alto nivel, habiendo realizado varios de talla internacional en países como Colombia, México y Estados Unidos para presidentes de países y multinacionales. En la actualidad su firma, Bridger Communications, es proveedora de contenido editorial para las editor del mundo, representa a una docena de sa rrolla contenido digital para Lovingbr cil .com, y actúa como estratega y consul es en marketing, comunicaciones y relac

Visita su sitio para quinceañeras en: www.quinceanerahechofacil .com, y el de su firma en www.bridgerpr.com.

TU QUINCEAÑERA

de la serie
¡Hecho fácil!

Una guía moderna y divertida
para una fiesta de
quince espectacular

Aleyso Bridger

C. A. PRESS
PENGUIN GROUP (USA)

C. A. Press
Published by the Penguin Group
Penguin Group (USA) LLC, 375 Hudson Street,
New York, New York 10014

USA / Canada / UK / Ireland / Australia / New Zealand / India / South Africa / China
penguin.com
A Penguin Random House Company

First published by C. A. Press,
a division of Penguin Group (USA) LLC

First Printing, August 2014

Copyright © Aleyso Bridger, 2014

All art courtesy of iStock Photo.

LIBRARY OF CONGRESS CATALOGING-IN-PUBLICATION DATA:
Bridger, Aleyso.
La Quinceañera : hecho facil / Aleyso Bridger.
p.   cm.—(Hecho facil)
ISBN 978-0-147-50934-5 (paperback)
1. Quinceañera (Social custom)   I. Title.
GT2490.B75 2014
394.2—dc23   2014010210

Printed in the United States of America

2   4   6   8   10   9   7   5   3   1

Set in Dante
Designed by BTDNYC

PUBLISHER'S NOTE
While the author has made every effort to provide accurate telephone numbers, Internet addresses and other contact information at the time of publication, neither the publisher nor the author assumes any responsibility for errors, or for changes that occur after publication. Further, publisher does not have any control over and does not assume any responsibility for author or third-party Web sites or their content.

Con todo mi amor para mis padres Alejandro y Sonia,
mi adorada tía Fela
y mis hermanos Ever, Arlette y Fiorella,
con quienes aprendí a luchar por alcanzar
mis sueños en la vida.

A mi esposo Ross por su paciencia,
entrega y confianza en mí.

A mi hija Daniella, mi tesoro más preciado,
mi motivo de vivir.

A mi prima Betty por su tenacidad y alegría.

A todas las quinceañeras y sus familiares que se preparan
para celebrar este inolvidable cumpleaños.

Contenido

··

Introducción

PARA QUÉ SIRVE ESTE LIBRO
Y POR QUÉ DECIDÍ ESCRIBIRLO

¡Tu quinceañera! es una guía fácil y completa para las familias y jóvenes mujeres que se preparan para celebrar sus quince años de edad. Este libro incluye desde la preparación espiritual, física y social hasta el más mínimo detalle de la quinceañera: la fiesta, el presupuesto, el sitio de la celebración, la decoración, las invitaciones, el baile principal, la corte de honor, el vestido, la comida, el pastel y hasta cómo ahorrar para el fondo educativo universitario.

Esta guía no pretende convertirte en una experta en eventos. Es una guía completa que te llevará paso a paso a una celebración inolvidable, tal y como la soñaste. En mi experiencia como experta en eventos empresariales, bodas y fiestas, he comprobado que la clave para el éxito de una fiesta inolvidable es tener una lista minuciosa de lo que se planea hacer. Esta lista debe incluir desde el presupuesto hasta el más mínimo detalle de la fiesta, diferenciando entre lo primordial y lo secundario y, en lo posible, asignando responsables para cada actividad. Esto te mantendrá a ti enfocada en lo más importante: *tú*, ¡la quinceañera! Para hacerlo fácil, he incluido algunas gráficas de trabajo y una lista de chequeo que te mantendrán a ti y a tus familiares enfocados (¡para asegurarse de que no se escape nada!).

No tienes que gastar mucho dinero para que tu fiesta sea especial.

La clave es organizar todo con tiempo, con la debida planeación, con ingenio y estilo propio. Esto te evitará contratiempos y gastos innecesarios.

En el libro encontrarás un presupuesto detallado que te ayudará a decidir lo realmente esencial para hacer de tu celebración un momento muy especial. Encontrarás una lista de casi todos los gastos en los que puedes incurrir al preparar una quinceañera. *¡Tu quinceañera!* contiene consejos e ideas prácticas para ahorrar dinero en cada aspecto de la celebración, incluyendo consejos de algunos expertos en varios de los componentes que forman parte de la celebración.

También encontrarás el "organizador central de tus quince", el cual contiene el listado detallado de todo lo que necesitas hacer y considerar para celebrar con éxito este momento tan especial de tu vida. Este organizador se puede adaptar al tiempo que dispongas para preparar tu quinceañera, ya sea, un año, seis meses o tres meses.

Desde hoy puedes sentirte tranquila porque en tus manos tienes la guía más completa y fácil de usar para celebrar tus memorables quince años.

Enaltecerte a ti como la joven mujer que eres y ayudarte, con un lenguaje juvenil y sencillo, a convertir en realidad el mágico sueño de tu quinceañera, fueron mis principales motivaciones para escribir *¡Tu quinceañera!* Pero no se trata solamente de la fiesta, ya que no podía dejar de incluir consejos y frases de motivación para guiarte a proyectar tu futuro a partir de los quince.

LOS QUINCE: UNA CELEBRACIÓN QUE SE HA PUESTO DE MODA

Hace un par de semanas tuve que ir a una conocida tienda de arte y manualidades a buscar algunas ideas y artículos de arte para una fiesta empresarial que estaba planeando. Caminando por los pasillos de esta tienda, me encontré con una sección especial dedicada a la celebración de los quince años. Había de todo, desde las bolsitas para guardar dulces hasta las coronas y artículos para que, con un poco de creatividad, cualquier persona pueda hacer ella misma la decoración de la fiesta. Pensé: "¡Qué maravilla! Hubiera querido que todos estos materiales existieran cuando celebré mis quince".

Es tan lindo planear cada detalle con estilo propio y, lo que es aún mejor, hacerlo uno mismo con la ayuda de la familia. Celebrar los quince es una ocasión especial tanto para los padres como para la homenajeada. Hoy día es posible tener celebraciones para todos los gustos y estilos gracias a las posibilidades y miles de artículos que se encuentran en las tiendas para dar rienda suelta a la inspiración y la imaginación.

Aunque estamos en un mundo moderno y que se mueve a toda velocidad, la quinceañera sigue siendo una de las celebraciones y tradiciones hispanas más memorables en la vida de una joven adolescente y su familia. Es cierto que hay otras fechas en las que las familias de origen hispano celebran a todo dar, pero no hay nada más significativo y sentimental que lo que se vive al celebrar los quince años. De hecho, es posible que con el crecimiento de la población hispana en Estados Unidos en los últimos años, este evento haya cobrado un interés aún mayor y más importancia en este país.

La celebración de los quince años simboliza el trascendental paso de niña a mujer. En la tradición hispana no es simplemente una "fiesta", es un acto profundo de dar gracias y pedir bendiciones para la homenajeada. Se caracteriza por la mezcla de la inocencia y la dulce picardía de dejar atrás los juegos de muñecas para darle paso al uso de zapatos de tacón y maquillaje. Ni qué decir de los nuevos planes con los amigos, como ir a los conciertos de música, las tardes de piscina o las fiestas con jóvenes de la misma edad. Y, más allá, la responsabilidad por llegar a ser una mujer preparada y de bien para la sociedad. Es el comienzo de la madurez. Es por eso que lo que se siente al llegar a los quince años es único e irrepetible.

Y, aunque es una tradición antigua de más de quinientos años, ya no se celebra al estilo de los indios americanos quienes conmemoraban la pubertad de una hija mujer. Tampoco se celebra al estilo de los jóvenes mayas y aztecas quienes celebraban con una ceremonia religiosa para dar gracias a sus dioses. Hoy en día las cosas han cambiado sustancialmente. Si bien muchas jóvenes se dejan llevar por la emoción y deseo de sus padres de celebrarlo como dice la tradición, otras prefieren una celebración temática. Algunas se inclinan por una cena con familiares y amigos más cercanos y hasta están las que prefieren un viaje en un crucero o la creación de un fondo de ahorro. Afortunadamente en la actualidad hay muchas opciones para enaltecer tan significativo momento.

En mi experiencia como experta en eventos, he organizado y visto cientos de ideas. Lo ideal es festejarlo de lo lindo. Como he mencionado más arriba, no es necesario gastar una cantidad exagerada de dinero. Igualmente, no es cierto que sin dinero no se pueda hacer una fiesta de quince inolvidable. La clave está en buscar inspiración en lo que más te gusta e identifica y planear ordenadamente la celebración. Y mucha, pero mucha creatividad. Obviamente sin dejar de lado su significado tradicional.

Estoy segura de que disfrutarás de tu fiesta de quince años tanto como yo lo hice escribiendo esta guía fácil para ti. Y, lo que es mejor, escuchamos a nuestras quinceañeras y familiares; por eso, si crees que tu fiesta fue única, te invito a que me envíes los detalles de tu celebración para que seas incluida en futuras publicaciones en nuestra página web: www.quinceanerahechofacil.com.

¿Qué esperas? ¡Haz la fiesta de tu vida a tu estilo!

TU
QUINCEAÑERA

CAPÍTULO

1

· ·

El significado
de los quince

LA QUINCEAÑERA SOÑADA

¡Qué bendición llegar a los quince años! Todos en la familia están emocionados de celebrarlo. ¡Llegó el día esperado! Varios meses planeándolo para que no se escape el más mínimo detalle y seguramente todo va a salir maravillosamente bien. Solo tú, agasajada quinceañera, o mami que te has esmerado en preparar una fiesta perfecta, te darás cuenta de las pequeñas fallas o pormenores. Al fin y al cabo nadie sabe lo que armaste durante meses para este momento, solo se sabe lo formal, lo que está anunciado y lo que es tradición.

Así que mi primer consejo es: descarga las tensiones y disfruta el momento. Si algo no funciona como lo esperabas simplemente déjalo pasar y celebra con toda la emoción, pues al momento final verás que la fiesta que planeaste por meses se terminará en un abrir y cerrar de ojos.

Obviamente la clave del éxito es planear el más mínimo detalle sin perder la cabeza, ni todo el dinero, por supuesto. Intentar incluir deseos o cosas de última hora, o durante la celebración, puede arruinar el momento o, más aun, crear situaciones de estrés que no vienen al caso. Al final, lo que vale es el dar gracias a Dios por el momento espiritual y especial que se vive al cumplir los quince años.

Es la mañana del día de la celebración. ¡La festividad comienza! Habrá una ceremonia religiosa con los familiares más cercanos y luego el padre dará la bendición a la quinceañera quien puede llevar un vestido largo, hermoso y digno para la ocasión. Si la decisión fue el festejo tradicional, la quinceañera entrará al santuario en procesión acompañada de una corte de honor formada por catorce parejas entre familiares y amigos. La quinceañera, quien ocupa un lugar especial en el santuario, recibe de sus padrinos una medalla o un detalle especial que ha sido bendecido previamente. Después de la misa, la quinceañera deja su ramo en el altar de la Virgen María.

Este rito religioso da paso a la fiesta de la quinceañera que puede ser en su casa o en un salón de fiestas, el cual ha sido contratado con meses de antelación. Llega el momento del tan esperado y ensayado baile de honor que incluye hasta cinco canciones bailadas. En medio del jolgorio, se realizan otros rituales dependiendo de la región hispana de donde proviene la quinceañera.

LA TRADICIÓN DE LA QUINCEAÑERA

¡Bueno saberlo!

En Estados Unidos la celebración se hizo popular durante la década de 1930 y en ocasiones se ha combinado con la costumbre estadounidense de "*sweet sixteen*".

✔ En 2004, la Conferencia de Obispos Católicos de Estados Unidos aprobó una liturgia específica para esta celebración para, según el texto de los obispos, "reafirmar el compromiso de la quinceañera con Dios y con la Virgen María para vivir su vida de acuerdo con las enseñanzas de Cristo".

✔ La fiesta de la quinceañera no se limita a los católicos, también es común en iglesias cristianas.

Tenemos dentro de nosotros nuestro espíritu latino, el sentido abierto a la amistad, el jolgorio y la celebración. La quinceañera no es simplemente "la fiesta" que planeas para disfrutar con tus amigos. Tiene un significado más profundo que vale la pena conocer y entender.

La quinceañera encierra una tradición milenaria que fue iniciada por nuestros antepasados para quienes la parte espiritual era el principal componente de la celebración. Hoy en día, la tradición se mantiene pero en la mayoría de los casos la fiesta ocupa un lugar importante para la quinceañera.

En Latinoamérica, la celebración tiene diferentes matices dependiendo del país y raíces de la homenajeada. En términos generales, el rito de la celebración de los quince se inicia con una ceremonia religiosa o de agradecimiento de acuerdo con la corriente religiosa de la familia. Seguidamente se hace una fiesta o una cena con familiares y amigos. Lo que diferencia a un país de otro son los rituales que se realizan en la celebración. Veamos alguno de esos rituales por países.

La tradición mexicana

Se realiza una misa de acción de gracias por el paso de niña a mujer. La quinceañera lleva un vestido formal con su color predilecto o que represente su niñez.

En el acto religioso la acompañan sus padres, padrinos y sus damas de honor y chambelanes. La quinceañera deja un ramo de flores en el altar de la Virgen María como símbolo de agradecimiento y amor. En la ceremonia religiosa la joven recibe regalos de parte de sus hermanas, primas y amigas.

Existe la tradición de la muñeca donde la quinceañera entrega una muñeca a su hermana menor, como símbolo del paso de niña a mujer.

El ritual de presentación puede incluir una niña mucho más joven que lleva una almohadilla en forma de corazón con una coronita y un niño que porta en otra almohadilla una réplica de zapatos de tacón.

Un momento importante es cuando la quinceañera se cambia de zapatos. El padre, si está presente, es quien le quita sus zapatos de tacón bajo y le pone los de taco alto: la niña que entró con calzado de infancia, sale caminando con sus zapatos de tacón representando su paso a la juventud. Esto puede llevarse a cabo ya sea en el acto religioso o posteriormente en la fiesta.

Luego del oficio religioso sigue la fiesta de los quince en el sitio escogido por la quinceañera. La quinceañera inicia la fiesta con el baile de su corte de honor conformado por catorce damas de honor y quince chambelanes. Luego le sigue el baile tradicional del vals con su papá y después con sus parientes y amigos masculinos.

Los quince chambelanes y las catorce damas representan cada año que cumple la homenajeada. Actualmente, la tradición de los quince chambelanes y las catorce damas ha cambiado. En ocasiones no se celebra este baile especial y en cambio la quinceañera escoge cuatro o cinco chambelanes para hacer el baile central acompañada de su padre.

En los pueblos de México, la celebración puede durar varios días.

La tradición del mariachi sigue muy vigente. Es tradicional que el mariachi se presente en medio de la fiesta e interprete temas románticos y divertidos.

Otros rituales son, por ejemplo, el último juguete, que se basa en la tradición maya y consiste en que el juguete que se presenta será el último que la quinceañera usa, por su paso de niña a mujer.

En algunas fiestas que se extienden hacia la madrugada del otro día, se invita a la familia y amigos más cercanos al "recalentado" que generalmente es la comida que no se consumió durante la fiesta. El recalentado se suele acompañar con cervezas.

Algunas quinceañeras incluyen una piñata como señal de que será la última que romperá la homenajeada.

La tradición cubana

Las fiestas de quince años eran muy populares en Cuba hasta finales de los años setenta. Se dice que es una costumbre que se desarrolló inspirada en las tradiciones españolas y francesas.

Los pioneros de la celebración de la quinceañera en Cuba fueron las familias ricas cubanas que contaban con dinero para alquilar un lujoso salón en el *country club* o en un hotel cinco estrellas. Cuando la fiesta de quince años se hizo popular, las familias de bajos recursos, que no podían celebrarla con tanto lujo, lo hacían en la casa de la quinceañera o en la de algún familiar.

Usualmente, la fiesta de quince la forman quince parejas que bailan un vals alrededor de la quinceañera. La coreografía puede incluir a cuatro o seis bailarines, quienes suelen ser bailarines expertos que realizan movimientos improvisados para hacer sobresalir a la quinceañera y su pareja.

Los varones que bailan en la coreografía, o baile central, pueden vestir esmoquin con chalecos de colores.

La tradición puertorriqueña

Como en otros países, dependiendo de las posibilidades económicas, las familias festejan los quince ya sea en hoteles, en casas, clubes de pueblo o en las fraternidades.

La caravana de autos encabezada por la homenajeada saliendo desde la casa de la quinceañera hasta la iglesia, donde se oficia el servicio de quince años, es también una tradición. Una vez que se termina el servicio espiritual, otra caravana la acompaña desde la iglesia hasta el lugar de la recepción. Algunas quinceañeras junto a su pareja y las parejas participantes en el baile central hacen su caravana en un carro convertible o en limosinas.

En cuanto al traje, por lo general, la homenajeada lleva un traje elaborado en pedrería y canutillos color blanco, llevando en su pelo una corona de flores la cual es cambiada posteriormente por una tiara. Todo depende del estilo de la quinceañera.

En el baile central, la tradición se presenta en ocasiones simbolizando las diferentes etapas desde la niñez. Es por eso que algunas quinceañeras, para seguir la tradición, abren el baile con una pareja de niños desfilando para representar la niñez.

Como en México, una de las tradiciones centrales es el cambio de zapatilla a zapato de tacón alto, lo cual es realizado por el padre de la quinceañera. La música suave o instrumental de fondo acompaña este momento.

Seguidamente la quinceañera se dispone a bailar el vals con su padre luciendo su vestido, su tiara y sus zapatos de tacón. Con el vals se da inicio al baile.

La tradición dominicana

En República Dominicana este común y tradicional festejo se inicia con un servicio religioso o espiritual. Seguidamente, en el salón de la recepción, la quinceañera y su pareja hacen su entrada triunfal acompañados de catorce parejas.

La quinceañera viste un traje en tonos pastel y las mujeres que conforman su baile principal llevan vestidos largos. Los varones llevan traje y corbata con colores vistosos.

La joven homenajeada baila el vals con su pareja, quien por lo regular a mitad del vals la pasa a manos de su padre para continuar bailando el vals. El baile central incluye varios ritmos y coreografías.

Una tradición bien marcada es la torta de quince años que llega a ser generalmente una torta grandísima y muy elaborada.

Las tradiciones colombiana y venezolana

La quinceañera hace la entrada triunfal acompañada de su padre. Luego, padre e hija bailan un vals, y otras melodías. Seguidamente, la quinceañera baila con sus hermanos (si los tiene), con sus tíos y con sus padrinos. La homenajeada baila el vals con todos los integrantes de su corte (es opcional bailar alguna otra música aparte como merengue, pop, etc.).

La joven quinceañera viste un traje largo o de noche en tonos claros o pastel, maquillada ligeramente y a veces luciendo joyas en su cuello y manos.

Dependiendo del tipo de celebración y temática, los invitados visten trajes formales, incluyendo los amigos de la quinceañera que son de su misma edad.

Luego del baile inicial se apagan las velas del pastel y se hace un brindis con un discurso que da el papá de la joven… ¡y se da por abierto el baile! Hay comida y bebida.

Ya entrada la noche se celebra "la hora loca" que también puede tener una temática especial. Se le entregarán a los invitados silbatos, gorritos y detalles relacionados con el tema de la hora loca.

Vale la pena tener en cuenta que en Colombia y Venezuela se han puesto de moda las fiestas temáticas relacionadas con los temas del momento, ya sea en la música, la televisión o la moda. Algunas quinceañeras obvian el tradicional vals y prefieren bailar con su padre o familiar más cercano una canción moderna o romántica de moda, y preparar una coreografía con música actual junto a sus amigos.

La tradición peruana

En Perú, la celebración tradicional tiene muchos estilos. Usualmente la quinceañera hace la entrada triunfal, ya sea bajando una escalera o en una entrada amplia y adornada. Al pie de la escalera o final de la entrada la esperan quince jóvenes con una flor cada uno y quince mujeres que la esperan con velas. La quinceañera toma las flores y apaga las velas. Luego abre el baile con un vals con su padre, padrino y/o abuelo.

Luego, se dispone a bailar con su pareja o novio una canción especial que ella ha escogido previamente. Si la quinceañera no tiene novio, algunas tiran el ramo o *bouquet* y quien agarra el ramo es el escogido para bailar con ella. Si decide no celebrar esta última parte de la celebración simplemente se abre el baile.

La tradición chilena

Se celebra un rito religioso y luego una fiesta con una cena y baile.

La fiesta se inicia con una cena ofrecida a los invitados. Si la quinceañera decide tener baile de honor, la fiesta se abre con el vals junto a su corte de honor, luego su padre baila con ella y se da por iniciado el festejo. Los invitados pasarán a la pista de baile.

La tradición en Argentina, Uruguay y Paraguay

Como en otros países de Latinoamérica, en Argentina, Uruguay y Paraguay la fiesta empieza con la entrada triunfal de la quinceañera quien luce usualmente un vestido tipo princesa y quien va acompañada del brazo de su padre. A la entrada la esperan los invitados.

El vals se puede dividir en tandas, entre las cuales se sirven los platos. Por ejemplo:

- ➤ recepción (picadas y bebidas)
- ➤ entrada (entrada o ensalada)
- ➤ primera tanda de baile (plato fuerte o principal)
- ➤ segunda tanda de baile (postre)
- ➤ ceremonia de las quince velas
- ➤ tercera tanda de baile (brindis, pastel)
- ➤ más tarde en la madrugada (desayuno)

¡Bueno saberlo!

✔ En Argentina, Uruguay y Paraguay la quinceañera puede realizar el rito de las quince velas que consiste en entregar una vela a cada una de las personas que han sido importantes a lo largo de sus quince años de vida. La entrega de la vela se acompaña con un corto discurso dedicado a cada una de estas personas.

✔ En Uruguay, se ha convertido en tradición que la canción "Quince primaveras", de Vicente Fernández, suene cuando se reparte el pastel.

SÍMBOLOS POPULARES EN LA CELEBRACIÓN DE LOS QUINCE EN LATINOAMÉRICA

La muñeca: En México, la quinceañera regala una muñeca de porcelana a una niña, usualmente la hermana menor de la quinceañera o quien ella decida.

El ramo de flores: La quinceañera entrega el ramo a la Virgen María. En México, generalmente el ramo se entrega a la Virgen de Guadalupe.

La corona: De acuerdo con las tradiciones, la quinceañera puede llegar con su corona puesta o ser coronada durante el oficio religioso o durante el vals.

El vestido: Usualmente es en colores pastel y representa la inocencia y el paso de niña a mujer.

Los zapatos de tacón: Simbolizan el cambio de niña a mujer. La quinceañera entra a la celebración con zapatos de taco bajo y su padre se los cambia por otros de tacón.

La piñata: Se usa para representar la última piñata. Es opcional para simbolizar el paso de niña a mujer y como despedida a las fiestas de piñata.

La canción "Las Mañanitas": Es usualmente tocada por un mariachi y se canta después del vals o la hora de cortar el pastel.

Velas y flores: La vela encendida es sostenida por las amigas de la quinceañera que están a punto de cumplir los quince o que ya los han cumplido. Por otro lado, los chambelanes o parejas masculinas llevan una rosa cada uno. Al hacer su entrada triunfal, la quinceañera apaga una vela y recibe una rosa.

El anillo o medalla: Es una muestra al valor de la responsabilidad, ya que indica que es un objeto valioso de cuidar. Usualmente es un objeto regalado por los padrinos.

EN RESUMEN...

Más que una fiesta, los quince años encierran un significado espiritual y tradicional dependiendo del país de Latinoamérica de donde provienen tus raíces. Tú puedes decidir cuáles tradiciones usar para tus quince y cuáles no. Cuáles son definitivamente importantes y cuáles pueden simplemente dejarse en el papel. En términos generales, la celebración en casi todos los países de Latinoamérica tiene el mismo orden: empieza con el ritual espiritual y termina con la fiesta.

Ahora que has leído este capítulo estás en condiciones de:

➤ entender la importancia de la celebración de tus quince.

➤ conocer las raíces en las cuales se basa esta especial celebración.

➤ tener un conocimiento general acerca de las tradiciones que caracterizan a cada país de Latinoamérica.

➤ decidir qué rituales querrás incluir en tu propia celebración.

2

· · · · · · · · · · · · · · · · · · · ·

Tu primer paso: El organizador central de tus quince

En este capítulo voy a introducir una valiosa herramienta que se convertirá en el eje central de los preparativos de tu quinceañera. Se trata del "organizador central de tus quince" que no es más que la lista de actividades y detalles que debes considerar para planear tu quinceañera. Está organizado cronológicamente empezando por lo más importante y por lo que consumirá más tiempo. Más adelante, en el comienzo de cada capítulo, encontrarás ítems relevantes de esta lista para que puedas ir tachando lo que ya hiciste y lo que hace falta. Esto te permitirá hacer un seguimiento más detallado de cada elemento que compone la celebración de tus quince.

El organizador central de tus quince está dividido en secciones para que, en caso de ser necesario, puedas enfocarte sólo en una o dos sin necesidad de hacer todo desde el inicio.

Sin embargo, el presupuesto, que es la primera sección del organizador, ¡es clave! Aunque decidas obviar otros pasos, te recomiendo no dejar de lado el tema del presupuesto.

EL ORGANIZADOR CENTRAL DE TUS QUINCE

EL PRESUPUESTO Y COMPONENTES PRIMORDIALES

Mi fecha para la quinceañera será el día _____.

Tengo _____ *días para planearlo (coloca los días que te quedan hasta el día de la fiesta aquí).*

Comunícales a tus familiares cercanos sobre tu celebración.	(✓)
Revisa junto con tu familiar más cercano la situación financiera.	
Escoge a los padrinos de tus quince.	
Haz un presupuesto realista.	
Crea una lista de invitados.	
Busca en Internet y revistas ideas que vayan con tu estilo.	
Prepara una lista de proveedores y lugares de eventos.	

¿DÓNDE CELEBRARÉ MIS QUINCE?

Quedan _____ *días para mis quince (coloca los días que te quedan hasta el día de la fiesta aquí).*

Llama a las iglesias y salones de fiesta para hacer una cita.	
Escoge la iglesia donde harás la ceremonia religiosa.	
Escoge el sitio donde se realizará la celebración.	
Termina la lista de invitados incluyendo direcciones y nombres correctos.	
Decide si ordenarás tarjetas con diseño exclusivo, si las comprarás hechas o si enviarás una tarjeta electrónica.	
Revisa revistas y páginas web para tomar ideas sobre la temática de tu quinceañera y el color central.	
Escoge la temática de la fiesta y el color.	
Diseña la tarjeta.	
Construye una página en Facebook sobre tus quince o un blog para mantener informados a los invitados sobre tu quinceañera.	

LA COMIDA, LAS BEBIDAS ¡Y EL PASTEL!

Quedan _____ *días para mis quince (coloca los días que te quedan hasta el día de la fiesta aquí).*

Decide qué tipo de comida servirás en la fiesta.	
Contrata el servicio de banquetes.	
Escoge el menú y bebidas que servirás.	
Decide qué tipo de pastel o dulces servirás.	
Prueba la comida que servirás en tus quince.	
Contrata la empresa de alquiler de sillas y mesas si lo harás en una casa.	
Decide si deseas colocar platos de porcelana o desechables.	

LA MODA QUINCEAÑERA (VESTIDO, ZAPATOS Y ACCESORIOS) Y EL BAILE CENTRAL

Quedan _____ días para mis quince (coloca los días que te quedan hasta el día de la fiesta aquí).

Haz citas para ver vestidos de quince.	
Escoge el modelo que quieres lucir y que va de acuerdo a tu figura.	
Decide quién te hará el vestido o si lo comprarás hecho. Escoge el sitio y el modelo.	
Decide si vas a tener baile central.	
Escoge el coreógrafo que preparará tu baile central.	
Si vas a tener corte de honor, selecciona los miembros de tu corte.	
Prepara invitación impresa o electrónica para enviar a tu corte de honor.	
Anuncia en tu página o blog quiénes te acompañan en la corte de honor y los días para el ensayo.	
Selecciona tres modelos de vestidos para tu corte de honor y escoge el vestido que llevará tu corte.	
Selecciona el modelo de traje para los hombres.	
Ensaya, ensaya y ensaya el baile.	
Escojan el sitio donde se reunirán los miembros el día de la fiesta para arreglarse.	
Prepara una mesa de pasabocas o entradas para tu corte en el sitio de reunión antes de la fiesta.	

LA DECORACIÓN Y LOS RECORDATORIOS

Quedan _____ días para mis quince (coloca los días que te quedan hasta el día de la fiesta aquí).

Indaga vía Internet o en tiendas especiales sobre los recordatorios de moda.	
Busca modelos de arreglos florales o centros de mesa.	
Compra los materiales de la decoración y centros de mesa y prepáralos en tu tiempo libre o con ayuda de tu familia.	
Si decides contratar un especialista en decoración, este es el momento de hacerlo.	
Decide si quieres hacer tú misma tus recordatorios o si los vas a ordenar.	
Compra los recordatorios u ordena los materiales si los harás tú misma o con ayuda de un familiar.	
Haz los centros de mesa.	
Arma una mesa modelo con la idea que tienes.	
Escoge los manteles o la decoración de las mesas.	
Averigua sobre regalos para tu corte de honor o personas especiales a quienes quieres agradecer en tu fiesta.	

LAS FOTOS, EL VIDEO Y LA MÚSICA

Quedan _____ días para mis quince (coloca los días que te quedan hasta el día de la fiesta aquí).

Haz una cita con tres o cuatro fotógrafos.	
Selecciona el paquete de fotografía y video.	
Escoge el día de la sesión de fotos y video antes de los quince (si el paquete que escogiste incluye una sesión de fotos previo a tu gran día).	
Selecciona lo que vestirás en la sesión de fotos.	
Haz una lista de los momentos que quieres que capturen en especial el día de la ceremonia y la fiesta.	
Haz una lista de las personas que no quieres que falten en tus fotos o video.	
Escoge la música para la ceremonia religiosa y para la fiesta.	
Si optas por la música en vivo, reserva los músicos.	

LA ETIQUETA

Quedan _____ días para mis quince (coloca los días que te quedan hasta el día de la fiesta aquí).

Haz un programa ordenado de cómo será la celebración.	
Entérate del protocolo que se debe mantener en la mesa.	
Revisa la lista de invitados confirmados.	
Decide dónde y cómo sentarás a tus invitados.	
Entérate del significado de los buenos modales.	

ÚLTIMOS DETALLES...

Quedan _____ días para mis quince (coloca los días que te quedan hasta el día de la fiesta aquí).

Escoge un miembro de la familia o un coordinador quien supervisará la organización y los detalles.	
Revisa el presupuesto y actualiza los gastos.	
Realiza una agenda para todo el día de la celebración.	
Actualiza la lista de proveedores clave para el día de la celebración.	
Compra los materiales y regalos para los ritos religiosos importantes.	
Confirma planes con el sitio del evento, empresa de renta de sillas y adicionales, pastel, comida y ayudantes.	
Confirma quién de la familia te transportará el gran día o si contratarás un servicio de transporte.	
Revisa con tu familiar más cercano cómo sentarás a los invitados.	
Confirma la cita en el salón de belleza.	
Toma la decisión final sobre tu peinado y maquillaje.	
Mídete el vestido por última vez.	
Prepara unas palabras de agradecimiento.	
Conversa con tu fotógrafo sobre ideas de fotografías especiales para el gran día.	

Y... ¡LA LLEGADA DEL GRAN DÍA!	
Revisa que el vestido y los accesorios estén en orden.	
Desayuna saludable y nutritivamente, será una jornada larga.	
Llega a tiempo al salón de belleza donde te arreglarás.	
Asegúrate de tener tu kit de emergencia a mano que incluya celular, maquillaje y hasta un esmalte para tus uñas.	
¡Diviértete!	

EN RESUMEN...

El éxito de cualquier celebración se basa en la organización y en la debida planeación de cada actividad. De acuerdo con esto, tener un organizador que abarque de manera detallada todas las actividades o elementos que componen la celebración de tus quince años será fundamental para el éxito de tu celebración. En el "organizador central de tus quince" encontrarás todo lo que necesitas considerar para tener ¡una celebración de quinceañera soñada!

Ahora que has leído este capítulo:

> tendrás acceso al organizador que te facilitará la vida durante la preparación de tus quince.
> ya conoces en detalle cada una de las secciones que componen la celebración de una fiesta de quinceañera.

NOTAS PARA RECORDAR:

_____

_____

_____

_____

_____

_____

_____

_____

_____

3

El presupuesto y componentes primordiales

"Al principio yo no quería una fiesta porque pensaba que eso era un desperdicio de dinero, pero mis padres insistieron porque ellos piensan que tener una quinceañera es una tradición importante de nuestra cultura. Todas las niñas de mi familia habían tenido una fiesta de quince así que ellos pensaban que yo debía tener una. Ellos habían ahorrado por años para mi fiesta y el haber planeado todo con un año de anticipación nos ayudó mucho. Mi mamá y yo gastamos horas en Internet buscando el salón de fiestas, las invitaciones, el disc jockey, etc. Tener un presupuesto y el tiempo suficiente para buscar todo a buenos precios es clave. Gracias a eso mis padres ni siquiera se gastaron todo lo que habían ahorrado y con lo que les quedó me abrieron una cuenta para mis estudios. La verdad es que después de ver la misa y la fiesta yo no cabía de la felicidad y les agradecí inmensamente a mis papás por haberme dado una celebración".

Carolina
El Salvador

En esta etapa de los preparativos debes abarcar la primera sección del organizador de tus quince. Como vimos en el capítulo anterior, esta sección consta del presupuesto y sus importantes componentes. La idea es que empieces a ejecutar cada actividad de la lista y que la marques una vez que la hayas llevado a cabo.

Ideas fabulosas para una gran fiesta quinceañera

- Lo primero es la fecha de la celebración. No tengas en cuenta solo la fecha de tu cumpleaños sino también la conveniencia en precio. Si es en un salón de fiestas, hay días que son más costosos que otros.

- Llama o envíales un correo electrónico a tus familiares avisándoles por adelantado de la celebración, comenzando por quienes deseas que sean tus padrinos.

DEFINICIÓN DEL PRESUPUESTO

Has decidido junto a tus familiares más cercanos que harás una fiesta de quinceañera para celebrarlo. ¡Felicidades! No es obligatorio gastarse todo el dinero del mundo para que sea inolvidable. Sin embargo, a veces la emoción puede mas que la razón y tendemos a olvidarnos de todo. Si no tenemos un presupuesto claro desde el inicio, terminaremos gastando más de lo que podríamos o de lo que necesitamos.

En esta sección te mostraré un modelo sencillo para hacer un presupuesto. Es esencial para el éxito de la celebración y te evitará dolores de cabeza.

Lo primero que tienes que hacer es pensar cuánto quieres gastar, o cuánto "puedes" gastar. Tal vez no tienes una idea en principio, pero hacer el presupuesto te ayudará a tener una idea general para tomar decisiones importantes y clave tanto al inicio como al final de la celebración.

Establece cuál es la prioridad en tu celebración:

¿La celebración religiosa?

¿La corte de honor?

¿La fiesta

¿Ahorrar para tu fondo educativo?

Una vez que hayas establecido la prioridad, entonces podrás poner un peso a cada ítem para hacerlo especial.

ESTABLECIENDO PRIORIDADES EN EL PRESUPUESTO

A continuación encontrarás un ejemplo de distribución de porcentajes de acuerdo con el peso o importancia que tiene cada una de las secciones que conforman la celebración de tus quince. Este es sólo un ejemplo. Tú podrás variar los porcentajes de acuerdo con el interés que deseas ponerle a cada parte de la celebración.

Ejemplo de modelo de porcentajes:

La comida	30%
La fiesta	25%
La decoración	20%
La celebración religiosa	10%
Ahorrar para educación	10%
El vestido	5%

En este caso, la quinceañera le da más importancia a la fiesta que a la celebración religiosa, otorgándole un 30% a la comida que se ofrecerá en la fiesta. En otros casos, la parte religiosa será lo más importante y es allí donde se centrarán los gastos dándole así un porcentaje mayor. En principio, parecería que no es posible gastar mucho dinero en una celebración religiosa. Sin embargo, todo dependerá del tipo de detalles especiales que quieras incluir.

Por ejemplo, si te gustan mucho las flores, podrías poner un porcentaje importante en este concepto, o quizás preferirás invertir en la música en vivo, o tal vez en los elementos para los rituales como la muñeca o los zapatos de tacón. Para que tengas una idea, un par de zapatos de quinceañera puede oscilar entre $20 y $1.500 si es de diseñador.

Si por el contrario decides que la corte de honor es lo más importante, preferirás entonces invertir un porcentaje alto de tu presupuesto en un buen coreógrafo y en la selección de los vestidos. De hecho, podrías hacer una recepción para agradecer a los miembros de tu corte de honor. En cambio, si eres de esas personas a las que les encantan las fiestas con creatividad, pues el peso de tu presupuesto lo pondrás allí.

Para las más intelectuales y menos románticas, invertir en el fondo educativo para su futuro podría ser lo más importante. Lo que se puede denominar gratificación pospuesta, es también una forma de ahorrar en el presente para disfrutar en el futuro de la mejor manera, tu educación.

Pero, si por el contrario deseas hacer un presupuesto donde los porcentajes sean equilibrados para así disfrutar un poquito de cada cosa, entonces ¡adelante! Solo recuerda ser muy racional para que puedas mantener el equilibrio en los gastos.

TEN EN CUENTA:

✔ ¿Qué es más importante para mi celebración?

✔ ¿Cuántas personas quiero invitar?

✔ ¿Dónde la quiero celebrar?

✔ ¿A qué horas será la fiesta?

✔ ¿Quién hará la decoración?

✔ ¿Será una celebración temática?

Y... ¿DE DÓNDE SALE EL DINERO?

Una vez que iniciaste el presupuesto y luego de haber respondido a las preguntas básicas de dónde, cómo y cuándo, pregúntate de dónde saldrá el dinero para financiar este momento tan especial. Por supuesto, no trabajas aún y en su mayoría el dinero provendrá de tus padres. Pero en muchas ocasiones puede que algunos de tus familiares más cercanos, por ejemplo tus abuelos, tíos o hermanos mayores, a quienes se considera "los padrinos", quieran aportar para tu celebración. Piensa junto con un familiar cómo manejarás los recursos, de donde sea que provengan. Paralelamente, hazles saber a quienes contribuyen el sitio o la cuenta donde deseas colocar el dinero que ellos te quieren dar de regalo.

¡Bueno saberlo!

Los padrinos de honor cooperan donando algunos artículos o dinero para la celebración y acompañan a la quinceañera en la misa. Otros padrinos participan donando algunos de los artículos usados por la quinceañera durante la ceremonia o la recepción.

¿QUIÉNES PUEDEN SER TUS PADRINOS?		
QUIÉNES	CUÁNTO APORTARÁN	EN QUÉ LO INVERTIRÁS
Papás		
Abuelos		
Tíos		
Hermanos mayores		

Una vez que has pensado en el dónde, el cómo y el cuándo y la forma en que se financiará la gran fecha, ya puedes preparar un presupuesto que básicamente servirá de columna vertebral para que la celebración sea un éxito. Un presupuesto no es más que un cálculo anticipado de gastos e ingresos expresado en valores y tiempo. Todos estos cálculos y estimaciones están dirigidos a cumplir una meta futura que en este caso es la celebración de la quinceañera.

Ahora veamos un ejemplo: digamos que con los cálculos que hiciste con tus familiares cercanos tienes un presupuesto de $8.000 para gastar en la celebración. Recuerda lo que mencionamos arriba sobre los porcentajes y el peso que le has dado a cada elemento dentro de la celebración. Digamos que decidiste poner el 60% de tu presupuesto en la fiesta. Eso significa que $4.800 dólares ($8.000 × 0.60 = $4.800) sería lo que invertirías en fiesta, quedándote con $3.200 para el resto de la celebración (celebración religiosa, ahorro estudiantil, etc.).

Una vez que haces este análisis puedes decidir si cambias el peso de los porcentajes y hasta puedes cambiar de pensamiento en torno a las prioridades de tu celebración. A continuación te presento un cuadro de presupuesto modelo que te puede ayudar a hacer el tuyo de acuerdo a tus objetivos:

PRESUPUESTO PARA MI QUINCEAÑERA		
COMPONENTE	PORCENTAJE ASIGNADO	TOTAL
TOTAL	100%	$8.000
ANUNCIO DEL EVENTO	5%	$400
Invitaciones		
Envío postal		
Etiquetas		
MATERIAL IMPRESO	5%	$400
Programas		
Menú para la mesa		
Tarjeta de ubicación en la mesa		
CEREMONIA RELIGIOSA	10%	$800
Donación para uso de la iglesia		
Almohadilla para la corona		
Biblia		
Bouquet floral		
Libro de invitados (*Guest Book*)		
Última muñeca		
Flores		
RECEPCIÓN O FIESTA	25%	$2.000
Alquiler del salón		
Comida		
Pastel		
Bebidas		
Servicio de meseros		
Alquiler de mesas y sillas		
Alquiler de manteles		
Música		
Entretenimiento central		
Sonido		
Video		
Transporte		

DECORACIÓN	15%	$1.200
Flores		
Manteles		
Detalles para la mesa		
Recordatorios		
Libro de invitados		
ARREGLO PERSONAL	20%	$1.600
Vestido		
Zapatos		
Arreglo de pelo		
Manicura, pedicura		
Facial		
Tiara		
CORTE DE HONOR Y PADRINOS	10%	$800
Recepción para corte y padrinos		
Coreógrafo		
Cena de ensayo día antes		
Recordatorios para la corte		
Recordatorios para los padrinos		
AHORRO PARA FONDO EDUCATIVO	5%	$400
IMPREVISTOS	5%	$400

Este presupuesto inicial te dará una idea de cuánto gastar en cada sección que compone la celebración de tus quince.

> ## *Ideas fabulosas para una gran fiesta quinceañera*
>
> • Consigue de dos a tres presupuestos de proveedores para cada sección que compone la celebración. Esto te ayudará a seleccionar el mejor en calidad y precio.
>
> • Cuando hables con los proveedores siempre dales un presupuesto menor al que realmente tienes. Así tendrás chance de negociar sin salirte del presupuesto.

Como ya he mencionado, este presupuesto inicial te dará una idea de cuánto gastar en cada parte de la celebración. Es una base principal para moverte con más seguridad y tranquilidad con la certeza de que no te excederás de lo que planeaste gastar. Tener en mente cuánto gastarás te preparará sicológicamente para manejar la emoción del momento, recordando y revisando de manera periódica lo que planeaste gastar.

EL PRESUPUESTO VS. EL NÚMERO DE INVITADOS

El presupuesto debe ser una aproximación cercana a lo que gastarás en total por la celebración. De hecho, uno de los componentes que pueden hacer cambiar en forma drástica los gastos es el número de invitados a tu fiesta.

Una vez que tengas un presupuesto de lo que gastarás en total, es recomendable que lo dividas por el número total de invitados y así obtendrás lo que invertirás por invitado. Será una forma de estar segura del valor que estás invirtiendo por persona. Por ejemplo:

Total presupuestado: $8.000/100 invitados = $80 por persona.

Recuerda que el valor por persona incluye el total de todos los gastos de la fiesta, incluyendo vestido, maquillaje y hasta el mínimo detalle que represente un gasto. Si al realizar este cálculo consideras que el valor por persona es muy bajo o muy elevado, entonces deberás revisar los detalles que incluiste en el presupuesto y recalcular.

Para darte una idea, un valor por persona para una celebración de quince, que se considera razonable, oscila entre $65 y $250 por persona dependiendo de lo que puedas gastar.

¿A QUIÉN VOY A INVITAR?

En este momento no tienes que decidir exactamente cuántas personas vas a invitar, pero sí es importante que tengas un número aproximado. Esto es esencial no solo para el presupuesto sino también para definir el tipo y tamaño del salón donde ofrecerás la fiesta, la cantidad de comida y el tamaño del pastel, por ejemplo.

"Hacer la lista de invitados parece cosa simple", te dirás a ti misma. Sin embargo, en ocasiones ¡la emoción te puede llevar a invitar hasta al gato sin ninguna necesidad! Tienes razón en que esta es una ocasión especial, pero esto no significa que todos los amigos de tus papás o familiares tienen que venir. A veces invitamos a un par de amigos que recién conocimos hace dos meses, sin tener en cuenta que no los conocemos lo suficiente. O se nos ocurre invitar al amigo de mi amigo. Pregúntate: ¿realmente vale la pena compartir con esa persona este momento tan especial?

A continuación verás la forma en que puedes organizar la lista permitiéndote tener claras tus prioridades.

LA LISTA DE INVITADOS

Divide la lista en cuatro partes:

- ➤ los que DEBEN estar;
- ➤ con los que te divertirás;
- ➤ los que te TOCA invitar;
- ➤ los que viven afuera.

INVITADOS TENTATIVOS				
INVITADOS	DEBO INVITAR	QUIERO INVITAR	LOS QUE TOCA SI HAY ESPACIO	LOS QUE VIENEN DE AFUERA
Nombre				
Niños				
Nombre				
Niños				
Nombre				
Niños				
Total invitados				
Gran total de invitados				

TEN EN CUENTA:

✔ Invita a algunos familiares a ser padrinos de tus quince.

✔ Si no puedes pagar un salón de fiestas, habla con alguno de tus familiares o amigos que tenga un patio o terraza grande que te puedan prestar para la celebración.

✔ Evita hacer tu fiesta un sábado. Es la opción más costosa. Podrías probar algo original como hacerla un domingo.

✔ Ten un bufé delicioso en vez de un banquete con plato servido.

✔ Si quieres la opción de plato servido, escoge una ensalada sencilla, una sola carne y el pastel de tus quince como postre.

✔ Alquila una maqueta de pastel. A diferencia de lo que harías con un pastel decorado, reparte pedazos que ya hayan sido cortados y estén ya listos en la cocina.

✔ Si quieres ahorrar en la decoración, usa flores de la temporada o, mejor aún, compra flores artificiales o piezas de icopor que pueden ser diseñadas a tu gusto.

✔ Invita solo a quienes son realmente cercanos a ti. Tratar de invitar a familiares o amigos que no ves hace años aumentará considerablemente tu presupuesto.

✔ Prepara tú misma las invitaciones o, mejor aún, envía invitaciones por correo electrónico.

✔ Contrata un *DJ* con un paquete que incluya luces o carga tu iPod con la mejor música ¡y pon el sistema a sonar toda la noche!

✔ Prepara una cajita especial o sobre y colócalo en el puesto de cada invitado. Allí incluye dos tiquetes para que los adultos invitados puedan consumir alcohol. Esto te ayudará no solo a controlar tus gastos sino también al buen ambiente de tu fiesta.

Ideas fabulosas para una gran fiesta quinceañera

Decide lo que quieres y mantenlo. No cambies de idea sobre la decoración constantemente, esto te hará gastar más.

Recuerda darles a tus proveedores un número levemente por debajo del presupuesto aproximado con el que cuentas antes de que ellos te den una cifra que no puedas pagar.

Llega a tiempo a tu celebración. Hay sitios que cobran por tiempo adicional.

EN RESUMEN...

El presupuesto es lo primero que debes hacer una vez que decides organizar tu fiesta de quinceañera. Te ayudará no solo a controlar los gastos sino también a tener una idea clara de lo que quieres y cuánto puedes decirle a tus proveedores que tienes para gastar. Además, te permitirá ahorrar tiempo y desarrollar tu creatividad para que tu fiesta sea auténtica y especial. ¡Es este el momento para invitar a familiares a ser padrinos de la celebración!

EL ORGANIZADOR CENTRAL DE TUS QUINCE

EL PRESUPUESTO Y COMPONENTES PRIMORDIALES

Mi fecha para la quinceañera será el día _____

Tengo _____ *días para planearlo (coloca los días que te quedan hasta el día de la fiesta aquí).*

Comunícales a tus familiares cercanos sobre tu celebración.	(✓)
Revisa junto con tu familiar más cercano la situación financiera.	
Escoge a los padrinos de tus quince.	
Haz un presupuesto realista.	
Crea una lista de invitados.	
Busca en Internet y revistas ideas que vayan con tu estilo.	
Prepara una lista de proveedores y lugares de eventos.	

Ya estás en condiciones de saber:

➤ fecha aproximada de tu fiesta de quinceañera;
➤ número tentativo de invitados;
➤ tipo de ceremonia religiosa;
➤ temática de la recepción;
➤ presupuesto preliminar.

NOTAS PARA RECORDAR:

_____

_____

_____

_____

_____

4

¿Dónde celebraré mis quince?

"*Hablando de celebraciones de quinceañeras soñadas… la mía fue todo un cuento de hadas… o más bien un cuento de piratas porque lo celebré en un barco anclado en el muelle y por supuesto al estilo de los piratas. ¡Simplemente espectacular! Yo vivo en una ciudad con playa, entonces ¿por qué no aprovechar sus atracciones? Estos barcos tienen capacidad hasta para 250 personas, con bar, restaurante, espacio hasta para orquesta… y como si fuera poco si lo deseas te dan un paseo estilo crucero por la bahía. ¿Qué más podía pedir? Bailar a la luz de la luna y las estrellas, con el mar a mi alrededor y viviendo el mundo pirata… qué más puedo decir… mi fiesta de quince fue sencillamente inolvidable*".

Katherine
Colombia

¿DÓNDE LO CELEBRARÉ?

Ideas fabulosas para una gran fiesta quinceañera

- Al tiempo que pules el presupuesto, haz citas para visitar posibles lugares para la celebración.

- En vez de ir a los mismos sitios donde popularmente se celebran las quinceañeras, sé creativa y visita aquellos lugares alternativos como un parque, el club de la comunidad donde vives, una galería de arte o un centro de diversión.

EL LUGAR DE LA CEREMONIA RELIGIOSA

Indaga primero en la iglesia a la que perteneces, sea cristiana o católica. Puedes también investigar en principio en la iglesia de tu barrio. También puedes averiguar en aquella iglesia que tú y tus familiares siempre han soñado. De cualquier manera, es recomendable tener las dos opciones: la iglesia de la que eres miembro y la soñada.

Ten en cuenta que todas las iglesias tienen reglas y estilos diferentes para este tipo de celebración. En Madera, California, por ejemplo, la iglesia St. Joachim Catholic Church celebra las quinceañeras los últimos sábados del mes a las once de la mañana junto a otras jóvenes que reciben su primera comunión. Sin embargo, si tu deseo es tener una celebración privada, se puede hacer los sábados a las doce del mediodía siempre y cuando el espacio esté disponible.

Otras iglesias son más flexibles con el tiempo, ofreciendo tres celebraciones privadas o en grupo los sábados. En general, las iglesias no ofician quinceañeras los días domingos o fechas religiosas importantes.

En cuanto a las donaciones relacionadas con la celebración religiosa, las iglesias en general tienen un cargo por celebración que oscila entre $100 y $150 más un depósito no retornable que oscila entre $50 y $75.

Para evitarte dolores de cabeza cuando visites la iglesia por primera vez, revisa toda la información posible relacionada con los reglamentos de la misma para este tipo de celebraciones. En algunas ocasiones hay penalidades en caso de cancelación de la reservación. Pregunta con cuánto tiempo de anticipación y qué porcentaje se descontará en caso que canceles la ceremonia.

SELECCIONANDO EL MEJOR LUGAR PARA LA CELEBRACIÓN

Como la celebración de la quinceañera se ha ido volviendo popular, te sorprenderá ver la cantidad de sitios que hoy ofrecen paquetes de quince. Lugares como hoteles cinco estrellas, botes, museos y parques, tienen identificada la audiencia hispana para este tipo de celebración.

Suena tentador y emocionante, ¿cierto? Antes que nada permíteme darte unas ideas para que tomes la decisión más ajustada a tu propósito y bolsillo.

Considera primero el patio o la sala de tu casa para hacer la celebración. Si tu casa es muy pequeña para el número de invitados, entonces considera otras opciones.

Averigua en el salón de fiestas de tu comunidad. Revisa los reglamentos, número de invitados posibles y horas límite para la celebración. En algunos casos se devuelve el depósito, aunque en estos casos el depósito suele ser bastante alto.

Entonces, cuando estés en plena búsqueda, no descartes ningún lugar, y busca hasta donde nunca se te hubiera ocurrido mirar:

SITIOS AL AIRE LIBRE

➤ Parques públicos
➤ Playas públicas
➤ Piscinas
➤ Campos de golf
➤ Botes
➤ Cruceros
➤ Buses de fiestas
➤ Restaurantes
➤ Hoteles

MI CASA ES TU CASA

➤ El patio de tu casa
➤ El patio de la casa de un familiar o amigo
➤ Jardines de la casa
➤ El club de tu comunidad
➤ La finca de tus papás o algún familiar
➤ La piscina de tu casa o algún familiar

ESPACIOS PÚBLICOS

➤ Centros comunitarios
➤ Museos
➤ Galerías de arte

DESTINOS TURÍSTICOS

➤ Crucero con mi familia
➤ Celebración en una isla del Caribe con mis familiares más cercanos
➤ Un viaje con otras quinceañeras

LLAMANDO Y DESCARTANDO SITIOS

No tienes necesidad de ir a todos los sitios que tengas en mente. Una llamada inicial a cada sitio puede ayudarte a ahorrar tiempo. Después de llamar, visitar cuatro lugares puede ser más que suficiente para tomar una decisión. Aquí te doy algunas preguntas clave que debes tener a mano en el momento de llamar y que te servirán para ir descartando opciones...

PREGUNTAS CLAVE:

➤ Nombre del sitio

➤ Dirección

➤ Página web

➤ Nombre del contacto

➤ Teléfono

➤ Dirección de correo electrónico

➤ Días disponibles

➤ ¿Cuál es el costo por alquilar el sitio?

➤ ¿Qué incluye este valor?

➤ ¿Tiene algún costo llenar la solicitud?

➤ ¿Cuál es el tiempo de uso del salón?

➤ ¿Con cuánto tiempo de antelación puedo arreglar y decorar el salón?

➤ ¿Quién es responsable de la limpieza del salón?

➤ ¿Tienen servicio de *valet parking* disponible?

➤ ¿Cómo es el acceso al parqueadero?

➤ ¿Tiene algún costo adicional el parqueadero?

➤ ¿Cuántos baños tiene el sitio?

➤ ¿Cuál es la póliza de cancelación?

➤ ¿Las mesas, sillas, pista de baile, cubiertos y demás utensilios están incluidos en el alquiler del salón?

➤ ¿Tendrán eventos simultáneos en el sitio ese día?

➤ ¿Estoy obligada a usar una empresa específica de banquetes?

➤ ¿Puedo traer el alcohol?

➤ ¿Cuál es el precio del descorche por botella?

➤ ¿Puedo tener bar pagado por los invitados?

➤ Si la recepción es al aire libre y hay mal tiempo, ¿tienen un lugar alternativo donde mover la recepción?

➤ ¿Cuántas personas del personal estarán disponibles para ayudarme durante la celebración?

➤ ¿Cuáles son los paquetes de fiesta disponibles?

➤ ¿Cuándo puedo enviar las cajas que contienen la decoración?

➤ ¿Tienen una penalidad si me paso del tiempo contratado?

➤ ¿Cuál es esa penalidad?

➤ En caso de ser un hotel: ¿Tienen descuentos para la estadía de invitados que vienen de fuera?

CÓMO ESCOGER EL SITIO IDEAL PARA LOS QUINCE

Parece tarea sencilla pero cuando hay muchas opciones la indecisión puede apoderarse de ti, y eso no es lo ideal. Definir el sitio es clave para poder seguir con los otros aspectos de la celebración.

A continuación te presento una lista de factores que debes tener en cuenta y a mano cuando vayas a visitar sitios para la fiesta:

➤ Ten varias opciones de fecha para tu fiesta.

➤ Ten varias opciones de horas del día en que puedes celebrar tu quinceañera.

➤ Ten en claro si deseas hacer la celebración al aire libre o adentro, o si te da lo mismo.

➤ Considera si quieres un ambiente familiar y con niños.

➤ Pregunta sobre el parqueo (¿es gratis o es pago?, ¿es en el mismo sitio o hay que caminar para llegar al salón?).

➤ Busca un lugar que sea fácil de localizar.

➤ Busca un lugar que, preferiblemente, esté cerca de la iglesia.

- ➤ Ten en claro cómo sentarás a los invitados (mesas de diez o de ocho, redondas o cuadradas).
- ➤ Considera el formato de las mesas (forma de "U" o tipo cena formal, mesa a lo largo).

¡Bueno saberlo!

En lo posible, para escoger el salón, ten en cuenta que es mejor que no haya otro evento registrado el mismo día de tu quinceañera. Resultará más cómodo para tus invitados no tener que compartir las áreas comunes como baños y parqueaderos.

ESCOGIENDO EL TEMA O "TEMÁTICA" DE LA FIESTA

Uno de los componentes más importantes en la celebración de una quinceañera es, sin lugar a dudas, "la temática" de la fiesta. Las fiestas que tienen un tema principal se conocen hoy en día como "fiestas temáticas". Por lo general, las jóvenes buscan un punto intermedio donde se conjugue la tradición y el toque moderno juvenil. En la sección de la decoración profundizaremos más sobre este tema.

Hay varios parámetros que puedes utilizar para escoger el tema de tu fiesta si te decidieras por una "fiesta temática":

- ➤ Algo acorde a tu personalidad.
- ➤ Tu color preferido.
- ➤ El tema de moda en el cine o la música.
- ➤ Tu artista favorito.
- ➤ Naturaleza.
- ➤ País o región.

Cuando estés haciendo la selección de la temática ten en cuenta no solo algo que vaya de acuerdo con tu estilo sino algo que también se ajuste a tu creatividad y presupuesto. Busca una temática sencilla, que sea fácil de hacer, auténtica y que no requiera la creación de elementos especiales.

Recuerdo que un cliente que tuve escogió como temática la imagen de un perfume de moda, lo cual era una idea muy original. Sin duda la idea estaba fabulosa, pero cuando llegó el momento de hacer las tarjetas de invitación, no encontraba ninguna tarjeta que se acomodará a la idea de perfume por lo que le tocó mandarlas a hacer especialmente. Esto le ocasionó no solo gastar más de lo presupuestado sino también esperar tiempo extra mientras las tarjetas fueron impresas y enviadas por correo.

Trata de combinar el tema con un diseño original pero que se ajuste a elementos populares que puedas combinar para que luzcan auténticos el día de la fiesta. Por ejemplo, si decides hacer una "fiesta de jardín" escoge una flor central para la temática y combina la flor con otros elementos fáciles de conseguir pero que mantengan la originalidad, tales como imitaciones de piedras de diamante que podrás conseguir fácilmente en tiendas de arte, manualidades y modistería.

La razón de ser de la temática de la fiesta se basa en ¡sorprender! La idea es que cuando tus invitados identifiquen el tema, entiendan cómo vestirse para la ocasión y hasta qué regalarte.

Ideas fabulosas para una gran fiesta quinceañera

Busca en casa algunas piezas decorativas que hayan dejado de usar e inspírate en ellas para la temática de tu fiesta. Podrías ahorrar dinero usando esas piezas como centros de mesa y simplemente adicionar recordatorios hechos por ti y tu familia.

ELIGIENDO EL DISEÑO DE LA INVITACIÓN

Para empezar, tan pronto como tengas la fecha, el lugar y la temática de la celebración, puedes hacer un anuncio previo al envío de tu invitación formal para que tus invitados reserven con anticipación la fecha de tu evento. a continuación te presento un modelo de anuncio previo tradicional:

¡Marca tu calendario!
¡Es la celebración de mis quince años!

15 DE MAYO, 2016

Hola, soy Guadalupe Smith
y junto a mis papás y padrinos,
¡te invito a que reserves desde ya un espacio en tu agenda!
Ven y disfruta conmigo este gran momento en
el Salón Bayview Trinitarias
en 2030 Bayview Drive,
Coconut Grove, Miami 33120.

¡Espero verte!

Visita mi sitio web:
www.losquincedeguadalupesmith.com

La invitación formal llegará pronto.

Ideas fabulosas para una gran fiesta quinceañera

- Por tratarse de un anuncio previo, esta "pre-invitación" puede ser enviada por correo electrónico, ahorrándote así los gastos de envío. Recurre a la opción del correo tradicional solo para aquellos que no tengan correo electrónico.

- El anuncio previo es un buen medio para actualizar la lista de invitados y su información de contacto.

La invitación formal, por su parte, es la primera forma de mostrar tu originalidad y el estilo que marcará tu celebración. Gracias a la tecnología, actualmente hay muchos estilos para crear invitaciones fabulosas y originales sin tener que gastar mucho dinero. Con la ayuda de una aplicación de diseño en tu tableta o computadora, puedes dar rienda suelta a tu imaginación y hacerlas a tu estilo.

También puedes encontrar en tiendas de papelería y oficina la invitación lista y en un formato fácil de imprimir, incluyendo páginas web de diseño, lo cual facilitará tu trabajo si no quieres invertir mucho tiempo y dinero en ello.

Por otra parte, si eres de las que prefieren las invitaciones más formales y elaboradas, puedes ser original creando tu propio diseño y enviándolas a imprimir en una compañía especializada en invitaciones.

Aunque en la actualidad muchos se inclinan por lo digital, la gran mayoría de las quinceañeras prefiere la forma tradicional de enviar la invitación por correo o distribuyéndola entre sus familiares y amigos.

Los especialistas en invitaciones para quinceañeras nos cuentan que la tendencia de hoy en cuanto a colores se refiere son el fucsia, rosado, morado y turquesa. En cuanto al papel utilizado, la tendencia es el papel satinado, cintas y hasta broches dorados o plateados, pedrería como el cristal, perlas, etc.

Adicionalmente, dependiendo de la temática de la fiesta, puedes tú misma incluir en la invitación elementos pequeños reales, como por ejemplo una tacita en color plateado si es una fiesta de jardín o un zapato plateado en miniatura si es una fiesta de princesa encantada.

Sin embargo, piensa que si quieres incluir un detalle como este, debes tener en cuenta no solo el costo del diseño sino el precio del envío. Elabora un modelo y llévalo al correo para saber el costo que tendrá empacar y enviar la invitación. Aunque esto puede subir un poco el precio, quizás este costo se compense con el hecho de crear expectativa y entusiasmo en torno a tu celebración, lo cual la hará más especial.

Afortunadamente, hoy en día hay cientos de opciones y precios. Por ejemplo, una tarjeta te puede costar desde $1 hasta $15 cada una.

A continuación te doy algunas ideas para crear invitaciones que puedes lograr sin pasar los $7 (incluye envío):

➤ con fotografía;
➤ con elementos religiosos;
➤ temáticas hechas a medida;
➤ informal;
➤ hippie;
➤ de acuerdo a las cuatro estaciones;
➤ quince en una limosina;
➤ estilo escarapela o *"badge"*;
➤ por colores;
➤ con cintas;
➤ con elementos adicionales.

¡Bueno saberlo!

Muchas de las tiendas de invitaciones requieren un depósito del 30% al 50% del monto total de las invitaciones. Indaga en al menos cinco lugares antes de tomar la decisión final.

DISEÑANDO UN BLOG O PÁGINA WEB

Si te gusta la tecnología puedes crear un blog y mantener allí un registro paso a paso de todos los detalles sobre la planeación de tu quinceañera. Recuerda que lo ideal es que lo hagas tú misma para ahorrar costos. El blog es una buena herramienta para mantener una comunicación con tus padrinos, los amigos de tu corte de honor y familiares que viven fuera y que no podrán venir a tu celebración.

Es muy fácil crear el blog. Sin embargo, ten en cuenta que deberás dedicar mucho tiempo para mantenerlo actualizado. Es recomendable tener una rutina de actualización del blog, tal como establecer un día a la semana para colocar lo nuevo.

En el blog puedes tener:

- ➤ el tema de mis quince;
- ➤ los preparativos;
- ➤ la corte de honor;
- ➤ confirmación o RSVP;
- ➤ lista de regalos;
- ➤ dirección para llegar;
- ➤ contactos.

EL CONTENIDO PARA TU BLOG O PÁGINA WEB

Hay muchas formas para contarles a tus familiares y amigos sobre tu celebración. A continuación tienes un ejemplo básico de lo que podrías colocar en tu página web:

SOBRE MI CELEBRACIÓN

¡Hola a todos! ¡Bienvenidos a la mágica celebración de mis quince años!

La celebración de mi quinceañera será el día 20 de enero de 2015 en la Iglesia de San Judas, 1210 Brickell Avenue, Miami, Florida 33130, a las 11 a.m.

Luego de mi encuentro espiritual, celebraremos en el Salón de Eventos las Trinitarias en 2830 Bayview Drive, Coconut Grove, Miami 33130.

Si necesitas contactarme por favor envíame un correo o un mensaje a través de mi página de contactos. También podemos hablar a través de mi página de Facebook.

Si eres uno de mis familiares o amigos que vienen de fuera de Miami, he acordado buenos precios con los siguientes hoteles:

- Hotel Bayside
- Hotel Riverview

Si buscas entretenimiento durante la visita a Miami para la celebración de mis quince, te sugiero los siguientes restaurantes:

- Sushi Alegría restaurant
- Palm restaurant

Si has pensado en regalarme algo especial aquí te doy algunas ideas:

- Juego de maquillaje colores neón con escarcha.
- Zapatillas Converse.
- Jeans en colores neón.
- Anillos y joyería con motivos de corazón o símbolo de paz.
- Lluvia de sobres de ahorro para mi fondo educativo.

SOBRE MI CORTE DE HONOR

Aquí puedes colocar todos los detalles relacionados con tu corte como los días de ensayo, información sobre tu coreógrafo, los vestidos y hasta encuentros informales como ir a comer pizza en grupo, etc.

SOBRE MIS PADRINOS

Teniendo en cuenta que tus padrinos son personas importantes en tu celebración, qué mejor forma de homenajearlos y darles gracias que destacando la razón por la cual ellos son importantes en tu vida. Busca una fotografía espontánea donde aparezcas con cada uno de ellos y cuéntales a tus familiares y amigos de qué forma te está ayudando cada uno de ellos, no solo en la parte económica sino también en la espiritual.

UN POCO SOBRE MÍ

En esta parte te puedes dar la oportunidad de reflexionar sobre ti, tus gustos, hobbies, colores y momentos vividos junto a familiares y amigos. Aquí podrás también expresar lo que te gustaría hacer o estudiar cuando termines la escuela, tus sueños y hasta hablar de tu artista favorito.

HABLAN LOS EXPERTOS

Si te gusta la idea de mantener el contacto con tus familiares e invitados a tus quince vía Internet, crear un sitio web para quinceañeras es una gran decisión.

El experto en sitios web para quinceañeras Josh Knapp, CEO de QuinceSites.com, nos cuenta cuáles son los aspectos clave a tener en cuenta y por qué están de moda los sitios de Internet de quinceañeras.

PREGUNTA: **Josh, como experto en el tema, ¿cuál es el contenido básico que recomendarías tener en un sitio web quinceañera?**

RESPUESTA: Hay seis características que deben tener todos los sitios web quinceañera:

1. Reservación a la fiesta: El sitio de Internet debe incluir una sección para RSVP (reservaciones a la fiesta) que permite administrar la información de los invitados. También debe estar programado para enviar un correo electrónico de confirmación de recepción del correo a toda la lista de invitados a través de la página web.

2. Información de contacto: El sitio debe incluir fácil acceso a la información de contacto para que los invitados puedan comunicarse con la quinceañera. Los invitados deben ser capaces de visitar el sitio y encontrar la información de contacto. Incluso si es solo una dirección de correo electrónico, debe ser fácil para los invitados poder contactarse con la quinceañera.

3. Mapa del sitio de la fiesta: Cada sitio de Internet debe incluir teléfonos y direcciones con el diagrama de ubicación del lugar de la celebración (como Google Maps), junto con indicaciones de cómo llegar al sitio de la recepción (si es diferente a la sede del evento). De esta manera, un invitado que no esté seguro de cómo llegar al lugar indicado, puede referirse al sitio web desde un teléfono móvil o iPad el día del evento.

4. ¡Esta característica es crucial para tener un sitio web quinceañera exitoso! Si tienes un sitio web para tu gran fiesta de quince años, pero nadie lo puede encontrar porque el nombre del URL tal vez contiene un montón de guiones (–) o barras o diagonales (/), entonces ¿cuál es el punto? En QuinceSites.com cada sitio que creamos tiene un nombre de dominio sencillo y, lo que es mejor, sin costo adicional. Vamos a suponer que tu nombre es Sofía. El nombre de dominio libre que crearíamos sería: QuinceSites.com /sites/Sofia. También ofrecemos un nombre de dominio personalizado. Por ejemplo, si tu nombre es Sofía, podríamos crear: www .SofiasQuince.com.

5. Subir fotos. Se necesita implementar una manera simple para subir fotos a tu sitio. A tus invitados les gusta verte. Ellos quieren ver documentada la fiesta de quince años en las fotografías, y por eso es vital que te sea fácil subirlas para compartirlas con todos los que estuvieron presentes en tu gran día.

6. Informes de confirmación de invitados. Debes poder descargar los informes de RSVP de tus invitados. Estos informes son muy valiosos para la empresa de *catering*, para el lugar del evento, para tu coordinador de eventos y para ti.

P: **¿Cuáles son los precios de un sitio de Internet para quinceañeras?**

R: Para un sitio totalmente personalizado se podría gastar hasta $1.000. Claro que si quieres gastar más, también lo puedes hacer.

P: ¿Cuánto tiempo se necesita para crear un sitio web quinceañera?

R: Con nuestro sistema, no mucho. La quinceañera simplemente tiene que llenar un formulario de registro introduciendo la información acerca de la fiesta de quince y subir sus imágenes.

A algunas chicas les gusta dedicarle más tiempo a su sitio web. Para ellas hemos creado un blog. Pueden utilizar su blog para escribir sobre los detalles de la planificación de la fiesta de quince años. La función del blog es que los invitados interactúen en el sitio. Ellos pueden dejar comentarios en los mensajes y les darán retroalimentación. ¡Esto puede hacer que el sitio sea muy divertido!

La función de RSVP es increíble. Por ejemplo, digamos que hay un cambio de última hora. Sin una lista organizada, habría que introducir manualmente los mensajes de correo electrónico en una base de datos o componer muchos correos electrónicos para informarles a los invitados sobre el cambio. Antes de crear Quincesites.com ¡esto podía tomar horas y horas! Con la función de RSVP de Quincesites .com, se puede utilizar el sitio web para enviar un correo electrónico a todos los invitados de RSVP e informarles acerca de los cambios en cuestión de minutos.

TEN EN CUENTA:

✔ Escoge celebrar tu ceremonia religiosa y la recepción en un mismo lugar, así solo tendrás que buscar y enfocar tus preparativos en un único sitio.

✔ Usa tu imaginación para convertir un sitio, que tal vez luce lánguido, en un lugar soñado. Por ejemplo, con unos cuantos candelabros y tela de velo podrías hacer de cualquier sitio un lugar mágico.

✔ Pregunta si el sitio del evento ofrece paquetes con proveedores para las otras secciones que componen tu quinceañera. Con esto te ahorrarás un montón de tiempo y energía.

✔ Atrévete a averiguar en el parque de diversiones o el museo donde tanto te has divertido antes. Con un poco de originalidad podrías hacer algo fuera de lo común, sin necesidad de gastar mucho en decoración.

✔ Si no quieres dedicar tiempo a la marcada de las invitaciones, indaga en la tienda de invitaciones antes de ordenarlas si ellos se pueden encargar del envío. Por un precio módico ellos pueden enviarlas y así podrás dedicarte a otros preparativos.

EN RESUMEN...

En el capítulo anterior dejamos definido el presupuesto e hicimos varias cotizaciones importantes. Ahora lo que sigue es empezar a contratar los proveedores y poner en marcha los preparativos. En esta etapa debes abarcar la sección del organizador de tus quince correspondiente. A continuación te presento nuevamente esta sección y recuerda que la idea es que empieces a ejecutar cada actividad de la lista y la taches o la marques una vez que la hayas llevado a cabo.

Llegó el momento de escoger dónde celebrarás tus quince. Es una celebración soñada para ti y tus familiares. Es clave averiguar en por lo menos cuatro lugares antes de tomar una decisión. Investiga en lugares no tradicionales, como por ejemplo un parque o una galería de arte. Escoge fechas y días que no tengan una gran demanda, por ejemplo, un viernes o un domingo. Podrás ahorrar dinero de esta forma.

Este es el momento para invitar a familiares a ser padrinos de la celebración.

EL ORGANIZADOR CENTRAL DE TUS QUINCE	
¿DÓNDE CELEBRARÉ MIS QUINCE?	
Quedan _____ días para mis quince (coloca los días que te quedan hasta el día de la fiesta aquí).	
Llama a las iglesias y salones de fiesta para hacer una cita.	(✓)
Escoge la iglesia donde harás la ceremonia religiosa.	
Escoge el sitio donde se realizará la celebración.	
Termina la lista de invitados incluyendo direcciones y nombres correctos.	
Decide si ordenarás tarjetas con diseño exclusivo, si las comprarás hechas o si enviarás una tarjeta electrónica.	
Revisa revistas y páginas web para tomar ideas sobre la temática de tu quinceañera y el color central.	
Escoge la temática de la fiesta y el color.	
Diseña la tarjeta.	
Construye una página en Facebook sobre tus quince o un blog para mantener informados a los invitados sobre tu quinceañera.	

Ya estás en condiciones de saber:

➤ lugar de la celebración;
➤ hora y fecha;
➤ temática de la celebración;
➤ diseño de tu anuncio anticipado e invitación;
➤ si compartirás los detalles de esta fecha públicamente en una página web, blog o redes sociales.

NOTAS PARA RECORDAR:

_____

_____

_____

_____

_____

_____

_____

_____

_____

_____

5

La comida, las bebidas ¡y el pastel!

"Para mí, uno de los mejores momentos de una fiesta es la partida o repartición del pastel. Por eso para mi quinceañera quería el pastel más delicioso de todos. Yo quería que fuera de tres leches que es mi postre favorito... pero nadie me lo quiso hacer porque la consistencia no era para hacer un pastel de varios pisos y yo quería uno de cuatro pisos de alto. Así que opté por tener un postre de icopor en el salón, pero definitivamente le di a mis invitados mi pastel favorito: el de tres leches. Todos quedaron encantados. ¡Yo creo que me comí como cuatro pedazos ese día!".

Carmen
República Dominicana

LA COMIDA

Ideas fabulosas para una gran fiesta quinceañera

- Si tienes un presupuesto ajustado haz una lista de familiares y amigos talentosos. Chequear quiénes son buenos cocineros te ayudará no solo a ahorrar dinero, sino también podrás dar a conocer sus habilidades entre tu grupo de amigos.

- En vez de servir una cena formal, piensa en una recepción que sirva solo "*passed hors d'oeuvres*" o pasabocas fuertes. Presentados en una mesa tipo bufé te ayudará a no gastar dinero en meseros.

Debes ser cuidadosa al seleccionar el tipo de comida que servirás en la celebración. Si bien es cierto que en muchas fiestas de quinceañera sirven comida basada en la tradición hispana, la realidad es que hoy en día no es necesario ceñirse a ello. Todo depende de la hora, el sitio e incluso del estilo y gusto de la quinceañera y su familia.

Una selección equivocada del menú puede arruinar o restarle importancia a cada mínimo detalle que has tenido en cuenta para la celebración.

Antes que nada dialoga con tus familiares más cercanos y decidan si lo que quieres ofrecer de comida es posible de hacer. Así también, define si el presupuesto te permite contratar una empresa de banquetes en el caso de que la celebración sea en un sitio diferente a un salón de fiestas o un hotel. Típicamente los hoteles ofrecen un paquete básico que probablemente incluye un menú y servicio de banquete.

TEN EN CUENTA:

Cuando estés decidiendo el tipo de comida que servirás, piensa si la celebración será formal o informal, si contratarás servicio de banquete o si prepararás la comida con tus familiares o amigos talentosos. Además, ten en cuenta si es conveniente contratar un servicio de meseros.

Entre más claro tengas lo que quieres ofrecer a tus invitados y cómo lo servirás, más tiempo tendrán tú y tus familiares para disfrutar de la fiesta.

TIPOS DE MENÚ

Busca diferentes tipos de menú para fiestas en Internet y anota aquellos que se acomoden a tu estilo y temática de la fiesta. Con esta idea general podrás hablar ya sea con el negocio de banquetes o con tus más talentosos amigos amantes de la culinaria para que ellos te preparen alguno de estos platos.

Si definitivamente decides optar por un servicio experto en banquetes, tener una idea de lo que quieres servir ayudará a agilizar la decisión basándote también en el presupuesto y lo que puedes gastar por persona.

¡Bueno saberlo!

Si lo que estás buscando es algo diferente y original, contratar un especialista en banquetes tipo *gourmet* es una buena opción. Ellos pueden diseñar un menú especialmente para tu fiesta y de acuerdo a tus necesidades y estilo. Ya sea un menú basado en arroz, frijoles y carne o algo más sofisticado como pollo *saltinbocca* o *filet mignon*. Todo depende de tu presupuesto y tu gusto.

Más allá de quién preparará la comida, aún será necesario definir cómo la servirás: tipo bufé o plato servido. Algunas firmas de banquetes solo preparan la comida y por tu parte tendrás que decidir cómo servirla. Otras firmas de banquetes preparan la comida y también se encargan de servirla en la fiesta.

Si la fiesta es más formal, será bueno tener servicio de meseros. Por el contrario, si la celebración es más informal, el servicio de bufé será suficiente.

ESTILO BUFÉ

El servicio de bufé es menos formal y al mismo tiempo es divertido y funcional. Te evita gastar dinero en meseros y la comida puede ser colocada bellamente en una mesa larga. Los invitados irán a la mesa del bufé para servirse cada uno el plato de su gusto.

La comida estilo bufé podrá incluir una variedad de comidas incluyendo una o dos ensaladas, uno o dos tipos de carne, hasta tres tipos de acompañamientos y el postre. Este último puede ser simplemente el pastel de los quince o dos o tres opciones de postre de acuerdo al gusto de la quinceañera.

Algunas quinceañeras optan por abrir el bufé dividido en partes, como por ejemplo *passed hors d'eouvres* o pasabocas primero; luego el bufé con el plato principal, que puede ser servido después del baile central; y al final, después de pasada una parte de la fiesta, se puede ofrecer un bufé de postres. La opción de dividir el bufé en varias partes durante la fiesta puede ser costosa, por lo que te recomiendo revisar muy bien si es una opción que puedes pagar de acuerdo a tu presupuesto.

Si la fiesta se extiende hasta la madrugada, algunas quinceañeras, cierran la celebración con la llamada "hora loca" que es simplemente un momento donde se aprovecha para dar rienda suelta a la imaginación con las tradiciones de cada país. Se coloca música hispana popular, se distribuyen entre los invitados gorros, silbatos y máscaras entre muchas otras cosas con el objetivo de animar aún más a los invitados. Esta parte de la fiesta puede estar acompañada con un bufé-desayuno o calentado, teniendo en cuenta las altas horas de la madrugada a las que se celebra la "hora loca".

Puedes ofrecer este estilo de bufé si tienes un número grande de invitados y si la celebración es en tu casa o en un sitio informal. Algunos hoteles o salones de fiesta también ofrecen este tipo de servicio.

UN BUFÉ QUE LUCE ESPECTACULAR

Para que el servicio de bufé luzca espectacular es recomendable tener en cuenta su ubicación dentro del salón o espacio de la recepción. Este debe estar ubicado en un sitio donde se pueda apreciar su montaje. De igual forma, presta atención a ciertos elementos innovadores como, por ejemplo, el frutero central, el área de panes, las figuras de hielo típicas de los quince y quizás algunas luces de colores para darle profundidad y un toque divertido.

¡Bueno saberlo!

Colocar plantas y vegetación sin olor, puede ayudar a engrandecer y embellecer el bufé.

El bufé también puede ser montado por estaciones y dejando ciertos espacios para la circulación de los invitados. Puedes seguir los siguientes parámetros:

➤ Menos de 90 invitados: 1 sola estación alargada en un espacio no muy grande.
➤ De 100 a 150 invitados: 2 estaciones de comida en forma de semicírculo.
➤ De 150 a 300 invitados: 2 o 3 estaciones en forma de triángulo.

Para hacer la presentación de la comida caliente con un toque especial y de distinción, se sugieren los samovares.

En cuanto a los postres y entradas, es interesante crear una estación especial para estos dos tipos de comida. Las entradas y postres se pueden presentar en diferentes niveles para hacerlo moderno y vistoso. La estación de postres puede ser bellamente decorada con pétalos de rosa y mini velas que hagan lucir especial esta estación de comida.

TEN EN CUENTA:

✔ Para llevar un orden lógico y realizar un flujo rápido durante el bufé ten en cuenta colocar todos los utensilios necesarios para que tus invitados se sirvan la comida.

✔ El orden del bufé usualmente es: cubiertos-platos-comida-postres-vasos-bebidas.

✔ Por sus raíces hispanas muchas quinceañeras sirven como menú arroz, frijoles y algún tipo de carne. En el caso de las jovencitas con raíces mexicanas, las tortillas y el guacamole nunca faltan en el bufé.

PLATO SERVIDO

El plato servido es hoy por hoy muy popular. Aunque puede resultar más costoso, te ofrece comodidad no solo a ti, sino también a tus invitados. El plato servido es considerado más formal y elegante, ya que los invitados no tienen que pararse de la mesa, ni hacer filas para comer. A diferencia del servicio estilo bufé, los invitados permanecen sentados en la mesa asignada y los meseros se encargan de llevar todo a la mesa.

Hacer una cena con plato servido da un toque de elegancia y distinción a tu fiesta porque haces sentir a tus invitados como invitados reales.

¡Bueno saberlo!

Aunque te hayas decidido por el bufé para servir la comida en tus quince, será bueno considerar tener un par de meseros para que te asegures de que los invitados estén bien atendidos y puedan comer lo que ellos desean.

CONTRATANDO UNA EMPRESA DE BANQUETES

Si lo que has decidido es contratar una persona externa o una empresa de banquetes para que prepare la comida de tu fiesta, entonces ten en cuenta que muchos expertos en banquetes hoy en día se pueden considerar también mini organizadores de eventos. Ellos mismos también pueden encargarse del alquiler de sillas y mesas, de la decoración, del servicio de meseros, de los implementos para alquilar y, por supuesto, del menú de la fiesta.

Típicamente un buen experto en banquetes es contratado con meses de anticipación, por lo que es mejor que tú también lo hagas con tiempo. Algunos expertos en banquetes prefieren no tomar un trabajo si este no ha sido planeado con anterioridad. Si por alguna razón estás atrasada en la contratación del servicio de banquetes, puedes optar por buscar expertos que trabajan por su cuenta en sus ratos libres. Ellos pueden ayudarte de manera ágil en todo lo concerniente al menú y la comida.

La clave es estar preparada, tener bien en claro cuáles son tus preferencias y ser flexible cuando se trata de detalles mínimos. Esto ayudará a los expertos en banquetes a organizar tus necesidades de último momento.

A continuación he preparado algunas preguntas o datos que es importante tener en cuenta a la hora de seleccionar un experto o firma de banquetes:

- ➤ presupuesto con que cuentas para la comida;
- ➤ hora de la celebración;
- ➤ lugar de la celebración;
- ➤ tipo de comida que quieres servir;
- ➤ tipo de servicio que prefieres: tipo bufé o plato servido;
- ➤ número estimado de invitados;
- ➤ breve descripción del estilo de la fiesta o el tema que has escogido para tus quince;
- ➤ ¿el sitio de la recepción necesita tener una cocina para la firma de banquetes?

CÓMO SELECCIONAR LA FIRMA DE BANQUETES

En mi experiencia como experta en eventos, tener de cuatro a cinco opciones de empresas o expertos en banquetes es lo ideal. Partiendo de estos cuatro o cinco expertos, lo primero que te recomiendo es una conversación inicial, ya sea vía telefónica o personalmente. Basada en la "vibra" o conexión que sientas durante esa conversación, preselecciona dos y programa una cita con ellos para probar la comida.

Algunas firmas de banquetes cobran por la comida que preparan para esta cita, sin embargo en su gran mayoría estas citas no tienen costo adicional. Probablemente ellos te darán dos opciones de menú para que selecciones el que deseas probar.

A continuación te presento un pequeño cuestionario de preguntas que te servirá de ayuda para entrevistar a las firmas o expertos en banquetes:

PREGUNTAS PARA ENTREVISTAR A LA FIRMA O EXPERTO EN BANQUETES	
¿Qué tipo de servicio proveen? ¿Ofrecen solo preparación de comida, o comida y servicio de banquetes? ¿Ofrecen servicio de meseros, armada y desarmada del salón?	
¿Ofrecen servicio de banquetes a otros eventos el mismo día de mi evento?	
¿Cobran servicio adicional por servicio extra, en caso de sobrepasar el tiempo de contratación?	
¿Los cargos son hechos por el número de personas o tienen un cargo total por evento?	
¿Cobran los elementos de renta del evento por separado o están incluidos dentro del valor del servicio?	
¿Cuál es su póliza de cancelación?	
¿Traen la comida preparada al salón de eventos? ¿Requieren de una cocina en el sitio del evento para preparar los detalles finales de la comida?	
¿Cómo manejan el tema del alcohol? ¿Pueden proveer alcohol o es mi responsabilidad comprarlo?	
¿Cuál es el porcentaje de depósito para contratar el servicio con ustedes?	
¿Con cuántos días de anticipación debo notificar el total de los invitados?	
¿Cuándo es el último día para definir el menú?	
¿Cuándo podemos hacer una cita para probar la comida?	
¿Podrían darme dos referencias de personas que los hayan contratado antes?	

LISTA DE FIRMAS O EXPERTOS EN BANQUETES A ENTREVISTAR

A continuación te presento un formato que te ayudará a recopilar una lista de cinco empresas de banquetes que decidas entrevistar. ¡Así podrás tenerlo a mano en tu guía fácil!

Nombre de firma de banquetes _____ Día de la entrevista _____

Nombre de contacto _____ Teléfono _____

Dirección _____

Página web _____

Referencias de personas que la hayan contratado _____

_____

Fecha de la cita para probar la comida _____

_____

Nombre de firma de banquetes _____ Día de la entrevista _____

Nombre de contacto _____ Teléfono _____

Dirección _____

Página web _____

Referencias de personas que la hayan contratado _____

_____

Fecha de la cita para probar la comida _____

_____

Nombre de firma de banquetes _____ Día de la entrevista _____

Nombre de contacto _____ Teléfono _____

Dirección _____

Página web _____

Referencias de personas que la hayan contratado _____

_____

Fecha de la cita para probar la comida _____

_____

Nombre de firma de banquetes _____ Día de la entrevista _____

Nombre de contacto _____ Teléfono _____

Dirección _____

Página web _____

Referencias de personas que la hayan contratado _____

_____

Fecha de la cita para probar la comida _____

_____

Nombre de firma de banquetes _____ Día de la entrevista _____

Nombre de contacto _____ Teléfono _____

Dirección _____

Página web _____

Referencias de personas que la hayan contratado _____

_____

Fecha de la cita para probar la comida _____

_____

EJEMPLO DE MENÚ TÍPICO PARA QUINCEAÑERAS

Las entradas pueden ser frías o calientes como, por ejemplo, salmón ahumado, tablas de quesos, mini sándwiches, canapés, ensaladas o sopas ligeras.

El plato principal puede contener una carne blanca, una carne roja o un pescado o marisco con dos acompañamientos como por ejemplo verduras calientes, pasta o papa y algún tipo de arroz.

En cuanto al postre, es recomendable ofrecer tres opciones: una caliente y dos frías.

Un ejemplo de un menú típico de quinceañera es el siguiente:

MENÚ TÍPICO PARA UNA FIESTA DE QUINCEAÑERA		
ENTRADA	PLATO PRINCIPAL	POSTRE
Ensalada de frutas	Pollo *saltinbocca*	Flan de coco o caramelo
Coctel de langostinos	Pasta o lasaña	Mousse de melocotón
Ensalada César	Lomo salteado	Helado de frutas

QUÉ COMER CUÁNDO

La comida para tu quinceañera depende principalmente de la hora de la celebración. Si tu fiesta es, por ejemplo, después de las 7:30 de la noche, lo ideal es ofrecer una cena formal que incluya postre y bebidas. La siguiente tabla te muestra brevemente el tipo de menú que debe servirse dependiendo de la hora de la celebración:

SI TUS QUINCE SON...	PODRÁS SERVIR...
...en la mañana	...un *brunch* con mimosas.
...al mediodía	...un almuerzo con bebidas naturales.
...al caer la tarde o inicio de la noche	...pasabocas y cena acompañada de alcohol para los adultos.
	...solo pasabocas fuertes acompañados de bebidas y alcohol para los adultos.
...después de las 7:30 de la noche	...cena, postre y alcohol.

¿Y SI NO TE ES POSIBLE CONTRATAR UNA FIRMA DE BANQUETES?

Digamos que ya hiciste la tarea de indagar acerca de algunas firmas de banquetes y te has dado cuenta de que, por diferentes motivos tales como presupuesto, tiempo o estilo, la contratación de una firma de banquetes no es una opción. Por otro lado, tampoco quieres consumir el tiempo de tu familia preparando la comida para tu celebración.

Si este es tu caso, ¡no te preocupes! A continuación te presento otras alternativas. Si optas por alguna de estas opciones, lo único que debes tener es un poco de creatividad para presentar la comida en la mesa. Sin embargo, estoy segura de que esto será fácil porque seguramente alguien de tu familia podrá encargarse de que la comida luzca espectacular en la mesa.

Tu restaurante favorito

Es posible que tu restaurante favorito no sirva fiestas de quince, pero eso no significa que no puedas llegar a un acuerdo con ellos para preparar un menú especial para tu fiesta. Habla con el administrador del restaurante y acuerda con él un precio por persona y un menú especial para la celebración.

Órdenes especiales en supermercados *gourmet*

Hay supermercados *gourmet* que producen bandejas o refractarias especiales para fiestas, como bandejas de quesos y carnes frías, pasabocas u *hors d'oeuvres* y deliciosas ensaladas. Simplemente, revisa con tiempo lo que ofrecen, pregunta cuál es la presentación de las bandejas, y si no es de tu gusto contrata uno o dos meseros con experiencia en banquetes para que preparen la presentación de lo que ordenaste. De esta manera te quedará tan elegante como si hubieras contratado una firma de banquetes experimentada.

Comida ligera o informal

Puedes romper el esquema de la cena formal e inclinarte por mandar a hacer unos deliciosos sándwiches *gourmet*, con una ensalada de frutas, ensalada de pasta, tabla de quesos y carnes frías, acompañado de *cupcakes* o mini postres. Esta idea se presta para unos quince hechos en la terraza o jardín de una casa. La clave está en cómo lo presentes. Alquila manteles a cuadros o informales pero de tela y canastillas grandes para colocar frutas y panes. Compra en una tienda de dólar o tiendas de descuento, elementos decorativos que acompañen el estilo informal de tu comida.

Bebidas

¿Vas a servir alcohol en tu fiesta de quince? Si tu familia está considerando servir alcohol en tu quinceañera, asegúrate de chequear con un agente de seguros o una autoridad local cuáles son las leyes en cuanto a servir alcohol en una fiesta.

En Estados Unidos, algunos estados tienen leyes muy estrictas en donde el oferente de la fiesta puede ser responsable de los costos de un accidente de auto así como también ser responsable por el estado de embriaguez del conductor. Usualmente el que ofrece la fiesta, en este caso tú o tus padres, son monetariamente responsables por servir alcohol a los invitados. Como mencioné anteriormente, en algunas ciudades se debe contar con un seguro especial sobre consumo de alcohol en fiestas. Por esta razón muchos hoteles o salones de fiestas cuentan con ese tipo de seguro, el cual se incluye como parte del servicio. Es crucial aclarar con el salón de fiestas u hotel si ellos poseen este seguro.

Si al final decides junto con tus familiares ofrecer alcohol en la fiesta, la decisión que sigue es la manera en que lo vas a ofrecer. Dependiendo del tipo de celebración puedes optar por alguna de las siguientes opciones:

Full bar abierto

Es más que todo para fiestas formales. Se entiende que el alcohol que se ofrece es de primera calidad y este debe ser servido por un mesero con licencia para servir alcohol. La opción de *full bar* abierto es una opción costosa. En este caso las reglas deben ser claras para ti y tus familiares. Si alguien que debe manejar se pasa de copas, podrías retener sus llaves y enviar a la persona intoxicada en un taxi o con un amigo que se ofrezca a llevarlo. Por ningún motivo debes dejarlo manejar en ese estado.

Algunos hoteles ofrecen diferentes tipos de *full bar* abierto. Estos varían dependiendo de la selección de bebidas y las marcas. El valor del *full bar* abierto será estipulado por persona. En tu caso podrás optar por el *full bar* abierto con marcas económicas para que sea menos costoso. En caso de que el invitado desee pagar por una bebida de marca podrá hacerlo pero corre por su propia cuenta.

Una de las desventajas del *full bar* abierto es que, en algunas ocasiones, los invitados suelen no terminar su bebida para luego ir a buscar una nueva.

Bar pago

En este caso, los invitados pagan su propia bebida. Dentro del arreglo del salón, puedes organizar una estación de alcohol atendida por un mesero licenciado para servirlo. Sin embargo, en algunos casos el bar pago no significa que los invitados tengan que pagar su propia bebida.

Para el bar pago, como anfitriona de la fiesta, puedes obsequiar dos tiquetes para obtener bebidas gratis a cada persona mayor de dieciocho años. Después de la segunda bebida, la siguiente corre por cuenta del invitado. Esto en ocasiones es favorable, ya que puede limitar el consumo excesivo de alcohol y obviamente la responsabilidad del anfitrión será menor.

A través de los tiquetes para el uso del bar pago también puedes limitar el tipo de bebida. Por ejemplo, los tiquetes pueden ser solo para cerveza o vino.

Otra formas de ofrecer alcohol

Otra opción puede ser ofrecer alcohol gratis hasta determinada hora. Una vez que se supere este tiempo, los tragos adicionales corren por cuenta del invitado o pueden simplemente no ofrecerse más bebidas alcohólicas sino solo agua, jugos y te.

Si decides no ofrecer alcohol, entonces es necesario ofrecer otro tipo de bebidas como sodas, botellas de agua, jugos o limonadas. La idea es que tú y tus invitados disfruten del momento con o sin alcohol.

DECIDE QUÉ ALCOHOL SERVIR

A la hora de decidir qué bebidas vas a ofrecer en tu quinceañera, ten siempre presente dos consideraciones especiales:

➤ El alcohol será únicamente para los adultos mayores de veintiún años (considerada la mayoría de edad en Estados Unidos).
➤ Incluye en la lista bebidas no alcohólicas para los menores de veintiún años y para aquellos invitados que no tomen alcohol.

Teniendo en cuenta las dos consideraciones anteriores, a continuación te presento algunas ideas que te ayudarán a decidir qué tipo de alcohol servir en tus quince.

Vino y cerveza	Es la combinación típica en cualquier tipo de fiesta.
Vino, cerveza y cócteles especiales	Además de vino y cerveza puedes ofrecer dos tipos de cócteles que preferiblemente sean muy solicitados, como por ejemplo margaritas y piña colada.
Vino, cerveza, cócteles y licor fuerte	Junto con las bebidas típicas y algunos cócteles también puedes ofrecer licor fuerte como *whisky* o vodka.
Vino, cerveza, cócteles, licor fuerte, café y te	Usualmente se ofrecen, además de las opciones de alcohol mencionadas, café y té para invitados con creencias religiosas o limitaciones para consumir alcohol.
Bebidas no alcohólicas como jugos naturales, ponche de frutas, sodas, café y te	Puedes decidirte por tener una fiesta totalmente sin alcohol. Esta también es una opción válida. Al fin y al cabo, es tu celebración de *quince* años.

¿CÓMO CALCULO LA CANTIDAD DE ALCOHOL PARA MIS QUINCE?

El promedio de consumo de bebidas en una fiesta de quince es de una por hora por persona. Este cálculo compensa a aquellas personas, como por ejemplo tus abuelos, que tal vez no consuman alcohol, con aquellas personas que posiblemente consuman dos bebidas por hora en vez de una.

En caso de que el grupo de tus invitados mayores de dieciocho años esté compuesto por fuertes consumidores de alcohol, adiciona una o dos bebidas más por persona por hora.

Cerciórate con tu firma de banquetes de haber hecho los cálculos correctos para no llevarte sorpresas al final de la fiesta. En caso de que tú hayas comprado directamente el alcohol, y si tu fiesta es en un salón o atendida por una firma de banquetes, pídeles que al final de la fiesta te devuelvan el alcohol no consumido.

Usa el siguiente cálculo para tener un estimado del alcohol que se podrá consumir en tu fiesta de quince:

CÁLCULO DE LA CANTIDAD DE ALCOHOL A SERVIR:

\# de invitados: _____ × # de horas: _____ = _____ (total de alcohol servido).

Ejemplo:

\# de invitados: 100 × # de horas: 6 = 600 copas o tragos de alcohol servido.

En caso de servir vino el cálculo es un poco diferente. Usualmente de una botella de vino se pueden servir cinco copas.

Por lo tanto el cálculo se hace de esta forma:

CÁLCULO DE LA CANTIDAD DE VINO A SERVIR:

_____ botellas × _____ copas = _____ copas de vino

Ejemplo:

10 botellas × 5 copas = 50 copas de vino
20 botellas × 5 copas = 100 copas de vino

Analiza bien qué tipo de alcohol será el que más consumirán tus invitados. Si, por ejemplo, tus invitados se inclinan más por la cerveza, entonces compra cerveza en mayor porcentaje.

Siempre compra un poquito más de lo calculado. Resultaría fatal que durante la fiesta te quedes sin alcohol.

EL PASTEL

Me atrevería a decir que seleccionar el pastel de tus quince es casi hasta más importante que la comida que ofrecerás. Básicamente debes seguir pasos similares a los sugeridos en la selección de la comida para tu fiesta.

Para empezar, decide cuál será no solo el sabor, sino el tamaño, la forma y el color de tu pastel de quince. El pastel puede ser de un nivel o varios niveles, dependiendo del tamaño y de la decoración de la fiesta. Hoy en día los sabores favoritos son los de chocolate, limón, caramelo, zanahoria y el típico de vainilla. Si quieres ser más creativa, puedes adicionar algún relleno en el centro del pastel como crema de sabores y hasta puedes considerar tener algunos de los niveles en diferentes sabores.

El pastel es un punto central de la decoración. De hecho, cuando la decoración es sencilla, el pastel es considerado el centro de atención en el salón de la fiesta. Por lo tanto, tómate el tiempo suficiente para indagar, en Internet o entre amigos y conocidos, sobre algún experto en pasteles, ya sea una persona o una empresa. Te recomiendo hacer una cita con por lo menos cuatro reposterías recomendadas. Al seleccionar al experto, ten presente las tres características básicas de un buen pastel: presentación, sabor y textura.

Los puntos clave que el repostero debe saber sobre la celebración son:

- ➤ el sabor de pastel que prefieres;
- ➤ el diseño que te estás imaginando;
- ➤ la temática de la fiesta;
- ➤ los colores de la decoración;
- ➤ hasta algún elemento especial que quieras destacar en la celebración.

Esto ayudará al repostero a crear una idea original y a ahorrar tiempo en la selección del diseño del pastel.

Cuando pruebes el pastel, enfócate en la textura del mismo, el tipo de harina y el tipo de relleno en el centro. También presta mucha atención a la crema o cubierta, la cual puede ser en pastillaje o *fondant* o simplemente en crema de mantequilla.

Como opciones de pastillaje puedes usar:

Mazapán	Es una pasta hecha de almendras y azúcar que puede ser una mejor alternativa de sabor que el *fondant*; puede ser usado para moldear flores y otras decoraciones del pastel.
Crema de mantequilla o *ganache*	Es un tipo de cubierta de pastel muy popular, sabe muy bien y es más suave. Sin embargo como se derrite fácilmente es posible que no sea la mejor opción para celebraciones en sitios abiertos.

Muchas quinceañeras se inclinan por el pastillaje ya que le da un mejor acabado al pastel y se puede jugar con la creatividad.

¡Bueno saberlo!

El *fondant* o pastillaje le da una presentación suave y satinada al pastel. No necesita refrigeración, lo cual lo hace muy popular entre las quinceañeras. Aunque es un poco costoso y su sabor no siempre es el mejor, hará que tu pastel luzca perfecto.

CÓMO AHORRAR EN TU PASTEL DE QUINCE

Como te he mencionado a lo largo de esta guía práctica, es clave que mantengas un presupuesto para cada componente de tu fiesta de quince. En la etapa de los preparativos te puedes cruzar con tantas cosas tan emocionantes y bellas que es posible que pierdas la perspectiva fácilmente y termines gastando grandes e innecesarias cantidades de dinero. Esto no es ajeno al pastel. Por esta razón, te presento algunos consejos para ahorrar cuando estés seleccionando tu pastel de quince:

➤ Si contratas una firma de banquetes, averigua si dentro del paquete de comida que estás contratando incluyen el pastel. Dado que ya tienes un acuerdo con ellos para toda la comida de la fiesta, es posible que ellos puedan darte un precio razonable por elaborarlo.

➤ Inclínate por sabores populares y fáciles de adquirir por su precio. Pensar que te gustaría un pastel de una fruta exótica podría ser costoso.

➤ Algunas firmas de pasteles alquilan maquetas de icopor que ya tienen elaboradas con anticipación. De esta forma, podrás exhibir esta maqueta y repartir un pastel que no tenga crema o pastillaje. Este pastel estará en la cocina o en la parte de atrás donde los meseros preparan la comida.

➤ Si deseas hacer un pastel de varios niveles, puedes optar por hacer uno o dos niveles de harina y los niveles restantes podrán ser elaborados en icopor o fibra.

➤ Pídele a algún familiar talentoso en repostería que haga el pastel de tus quince y coloca en la parte de arriba flores naturales de la temporada.

➤ Puedes optar por *cupcakes* ya que cuestan menos de $3 cada uno. Así te ahorras el costo de pagar a la firma de banquetes por cortar el pastel. Si decides hacer *cupcakes* considera alquilar una torre o base de varios niveles para colocarlos creativamente. Busca proyectos de decoración de *cupcakes* en Internet. Encontrarás ideas grandiosas.

➤ Invita a tus familiares más cercanos a preparar postres de varios sabores y texturas, como *cupcakes*, galletas, colombinas de pastel, helado, etc. Verás que les encantará sentirse parte de tu celebración.

¡Bueno saberlo!

El precio por persona en una repostería oscila entre $2 y $10 dependiendo de la especialidad y calidad del pastel.

OTRAS OPCIONES DE PASTEL O DULCE PARA TUS QUINCE

Para muchas quinceañeras cortar el pastel resulta complicado o engorroso. A veces delegan esta parte a la firma de banquetes. Algunas firmas de banquetes cobran de $2 a $3 por el servicio de corte del pastel. Por esta razón se han puesto muy de moda los famosos *cupcakes* o mini pasteles, que no son más que porciones personales presentados en miniatura.

Esta idea permite a cada invitado tomar el mini pastel de la mesa, sin necesidad de esperar a que se corte y sirva. Adicionalmente, los mini pasteles hacen más vistosa la decoración.

También existen otras alternativas, como por ejemplo tener una mesa solo de dulces que incluya:

➤ *brownies*;
➤ tartaletas de frutas;
➤ *donuts*;
➤ sorbetes o raspado de frutas;
➤ sándwiches de helado;
➤ flan de caramelo o coco;
➤ barras de helado;
➤ mini *cupcakes*.

HABLAN LOS EXPERTOS

Sandy Rios-Monsante, directora chef de pastelería y diseñadora de pasteles en Sugar Fancies (www.sugarfancies.com), boutique de pasteles y tienda de pastelería fina en Miami, Florida, nos da unas recomendaciones a la hora de elegir un pastel de quince:

> PREGUNTA: **¿Cuál es la tendencia en pasteles para las fiestas de quinceañera?**
>
> RESPUESTA: Muchos de nuestros jóvenes clientes están diseñando fiestas temáticas, permitiendo que el pastel sea un reflejo de la temática y la personalidad de la quinceañera. Muchos de los temas que inspiran, entre tantos otros, son las películas, las aficiones y las paletas de colores (tradicionales). Pero los más populares son los de periodos de tiempo como la era victoriana, *the Roaring Twenties*, el *vintage* y muchos más.
>
> P: **¿Cuál es tu mejor consejo para tener el mejor pastel manteniendo el presupuesto?**
>
> R: Es importante tener un presupuesto realista fijo en la mente antes de empezar. Esto permitirá acercarse al diseñador de pasteles o chef con un diseño que se adapte a las necesidades, los deseos y los medios de la quinceañera.
>
> Una buena manera de ahorrar, es mantenerse alejados de los diseños elaborados que incluyen pintura a mano o diseños muy complicados, como un montón de flores de azúcar y figuras artesanales hechas a mano en todo el pastel. Las flores frescas son un gran truco para usar en el pastel ya que mantienen la elegancia y la tradición de la torta sin quedar en bancarrota.

EN RESUMEN...

Definir cómo quieres presentar y servir la comida te ayudará también en la selección del menú que deseas servir a tus invitados. Puedes escoger entre el plato servido en la mesa o el bufé. Cada uno tiene sus ventajas y desventajas.

El menú de la fiesta depende de muchos aspectos: la formalidad de la celebración, la hora y hasta el número de invitados. El menú de tu quinceañera no tiene que ser necesariamente comida hispana. También puedes optar por menús más modernos y sofisticados.

Otros aspectos importantes son las bebidas y el pastel. Una de las primeras cosas para decidir es si ofrecerás bebidas alcohólicas. Si optas por esta opción, es necesario controlar la cantidad de alcohol ofrecido por persona. El alcohol en este tipo de eventos puede resultar no solamente costoso sino además peligroso. Por esta razón la necesidad de controlar su consumo.

Respecto al pastel, este es quizás uno de los aspectos más cruciales de la decoración. La partida o repartición del pastel es uno de los momentos más esperados de la fiesta. Por lo tanto, el pastel no solo debe lucir hermoso sino además tener una excelente textura y un exquisito sabor.

Recuerda llevar atenta nota de todos los detalles con ayuda del organizador de tus quince presentado al principio del libro. A continuación te presento la sección del organizador correspondiente a los preparativos de la comida, la bebida y el pastel.

EL ORGANIZADOR CENTRAL DE TUS QUINCE

LA COMIDA, LAS BEBIDAS ¡Y EL PASTEL!

Quedan _____ *días para mis quince (coloca los días que te quedan hasta el día de la fiesta aquí).*

Decide qué tipo de comida servirás en la fiesta.	(✓)
Contrata el servicio de banquetes.	
Escoge el menú y bebidas que servirás.	
Decide qué tipo de pastel o dulces servirás.	
Prueba la comida que servirás en tus quince.	
Contrata la empresa de alquiler de sillas y mesas si lo harás en una casa.	
Decide si deseas colocar platos de porcelana o desechables.	

Ya estás en condiciones de saber:

➤ el menú que servirás;

➤ cómo servirás la comida;

➤ el tipo de bebida a ofrecer (alcohólicas y/o no alcohólicas);

➤ la manera de controlar el consumo de alcohol;

➤ el tipo de pastel;

➤ el sabor y presentación del pastel.

NOTAS PARA RECORDAR:

CAPÍTULO

6

· · · · · · · · · · · · · · · · · · · ·

La moda quinceañera
y el baile central

"*Honestamente, a lo que yo más le temía era a que me saliera un granito en la cara el día de mi fiesta. Recuerdo que tuve hasta pesadillas con eso. De nada vale tener el mejor vestido, el mejor peinado, el mejor maquillaje si tienes un grano en la cara. Por lo menos para mí es lo peor que me puede pasar. Por eso me cuidé muchísimo. Fui al dermatólogo como tres meses antes para que me dijera cómo cuidarme. Comí muy saludable. No comí comida rápida ni pizzas ni nada que fuera muy grasoso por todo ese tiempo. También tomé mucha agua y comí muchas frutas. Ese es el mejor consejo que le puedo dar a cualquier quinceañera: cuidar su cuerpo y su cara para evitar sorpresas desagradables el gran día*".

Alejandra
Venezuela

En el capítulo anterior abarcamos todo lo concerniente a la comida. Es decir, ya hemos puesto en marcha los preparativos para la fiesta y para poner todo a tono con lo que tenemos en mente. Ahora es el turno de la persona más importante de todo este acontecimiento: ¡Tú, la quinceañera! Esta sección está dedicada a la selección del vestido, los zapatos, los accesorios y también a la preparación del baile central. Adicionalmente, encontrarás unas breves recomendaciones para cuidar tu bienestar y salud física incluyendo tu piel, cabello y nutrición.

Ideas fabulosas para una gran fiesta quinceañera

- Busca, busca y busca en Internet los diferentes estilos de vestido y escoge aquellos con los cuales te identificas antes de visitar una tienda de vestidos de quince o un diseñador de modas o modista.

- Tómate las medidas de tu cuerpo y tenlas a mano. Define cuál es la forma de tu cuerpo. Te ayudará a agilizar la compra de tu vestido cuando vayas a las tiendas.

EL VESTIDO

TEN EN CUENTA:

✔ Compra u ordena tu vestido en una tienda o un taller de modas.

✔ Mídete al menos cinco o seis vestidos. Así podrás definir el estilo que mejor te queda.

✔ Aunque el vestido te parezca un sueño, piensa siempre en que sea cómodo y acorde al tipo de celebración.

✔ Aunque no parezca relevante, ten en cuenta el material del vestido. Puede encarecerlo o, en ocasiones, la tela hará que un bello modelo luzca común y corriente y nada especial.

✔ Escoge un color que vaya de acuerdo a tu color de piel.

✔ No siempre los vestidos caros son los mejores o los más elegantes.

Tu quinceañera es un momento soñado y cada detalle lo hace más especial e inolvidable. Sin lugar a dudas uno de los detalles más importantes y que hará más mágica la celebración es el vestido de tus quince. Tu personalidad se reflejará en la elegancia y en el estilo del vestido. Por lo tanto, ten en cuenta que esta prenda soñada esté acorde no solo con tu físico sino también con tu interior y que además refleje la felicidad del momento que estás viviendo.

Lo primero que puedo recomendarte es que busques, busques y busques no solo en Internet sino también en revistas de moda para que te hagas una idea del vestido que te gustaría lucir de acuerdo a tu estilo y el lugar de la celebración. Puede que te inclines por un modelo extremadamente elegante como un vestido largo, pero ¡cuidado!; puede que no se amolde al estilo de tu fiesta. Así que al momento de escoger tu vestido, piensa no solo en tu sueño, sino en el día, la hora y el lugar de la celebración.

Escoger un vestido de quince puede resultar confuso. Al llegar a una tienda de vestidos de quince encontrarás modelos que pueden ser muy parecidos. Tal vez varían los precios de acuerdo al tipo de tela y los accesorios que lo acompañan. Es por eso que el paso inicial que recomiendo es definir el estilo a través de la búsqueda en revistas o Internet. Analiza no solo los colores y estilos sino también el entalle de los mismos de acuerdo a tu tipo de cuerpo.

Para seleccionar un vestido de quince primero analiza tu cuerpo y su forma. Si no haces esto estarás completamente perdida cuando inicies la búsqueda. Ten cuidado de no enfrascarte en un solo tipo de vestido porque puede que al medírtelo no te favorezca ya sea por la forma, la tela, el color, los estampados, etc. Así que ten más de una opción y mídetelos todas las veces que sea necesario.

Para definir la forma de tu cuerpo considera la medida de tu busto, cintura, cadera y altura. A continuación encontrarás las formas de cuerpo más usadas por los diseñadores de modas.

LA FORMA DEL CUERPO

Forma de manzana o *apple*

El cuerpo con forma de manzana se define por la curva y el ancho. La mitad del cuerpo es más gruesa que el resto del cuerpo. Puede que tengas una cintura ancha o un estomago amplio. Esta forma se caracteriza también por un busto grande y se completa con la cintura y la espalda superior; usualmente las piernas son delgadas.

Estilos que van mejor con la forma de manzana o apple: Para acentuar los aspectos positivos de esta forma de cuerpo se pueden destacar las piernas y equilibrar en general la forma como un conjunto.

¡Bueno saberlo!

Para el cuerpo tipo manzana, el estilo aconsejable es el de "imperio", el cual resalta la parte del busto y minimiza la sección media del cuerpo. Un vestido con línea "A" es también una alternativa, ya que es más estrecho arriba y el corte de la falda asimila la forma de la letra A, combinado con una cintura alta, lo cual centra la atención en la parte de arriba.

Forma de manzana o "apple"
Ilustración estilo de vestido "imperio"
o "corte con línea A"

Forma de pera

Este tipo de cuerpo se caracteriza por un busto pequeño y un torso delgado hasta la cintura, acompañado de caderas y muslos anchos. Los cuerpos con forma de pera se benefician con vestidos bien proporcionados.

Estilos que van mejor con la forma de pera: Para lograr un equilibrio, pon el énfasis en la parte de arriba del cuerpo y deja que el diseño fluya de manera suelta en el resto del cuerpo. Esto se puede lograr utilizando escotes o blusas de tiritas tipo pitillo, un corpiño o un escote.

¡Bueno saberlo!

Para la forma tipo pera, usa el estilo línea "A", ya que es más estrecho arriba y el corte de la falda asimila la forma de la letra A, lo cual centra la atención en la parte de arriba. Otra alternativa es el corte tipo "imperio", el cual hace hincapié o resalta la parte del busto y minimiza la sección media del cuerpo. También puedes considerar el tipo de corte "vestido de salón" que es una falda tradicionalmente larga hecha con una tela de buena calidad.

Forma de pera
Ilustración estilo de vestido "corte con línea A"
"vestido de salón"

Forma de reloj de arena

El cuerpo con forma de reloj de arena tiene los hombros y caderas casi del mismo tamaño, la cintura bien definida y las curvas naturalmente redondeadas.

Estilos que van mejor con la forma de reloj de arena: Para mostrar una figura curvilínea el estilo que va mejor es un vestido tubo ceñido al cuerpo de tal manera que permita acentuar el cuerpo en los lugares correctos.

¡Bueno saberlo!

Para el cuerpo con forma de reloj de arena, una buena opción es llevar un vestido *strapless* o escotado con corte recto; otra opción ideal para este tipo de figura es un vestido estilo línea "A" el cual destacará la parte superior del cuerpo, mostrando al tiempo una cintura pequeña. Este tipo de línea permite cubrir las partes anchas y llevar la atención arriba.

Forma reloj de arena
Ilustración vestido strapless con corte recto o
"corte en línea A"

Forma pequeña o *petite*

Son aquellos cuerpos pequeños y bajos en estatura. Los hombros pueden ser un poco anchos o delgados y las piernas cortas. Crear un efecto visual que juegue con la longitud y las curvas, manteniendo la proporción, es una buena opción.

Estilos que van mejor con un cuerpo pequeño o petite: Alarga la figura pequeña mostrando un poco las piernas. Diferentes tipos de falda harán lucir alta a una pequeña figura de manera inmediata. Explora diferentes tipos de faldas como el corte en forma de pañoleta, asimétrica o arandelas.

¡Bueno saberlo!

Si tu cuerpo es pequeño o *petite*, juega con escotes en "V" o en forma de corazón, siguiendo un corte impecable tipo "A".

Forma pequeña o "petite"
Ilustración escotes en "V" o escotes en forma de
"corazón" con faldas de corte asimétrico o arandelas

Forma delgada o atlética

Los cuerpos con forma delgada o atlética son más bien delgados y planos, con poco busto y trasero. Son normalmente rectos y con pocas curvas. A menudo las personas muy altas tienen este tipo de cuerpo en que los hombros son anchos y las piernas tonificadas.

Estilos que van mejor con una forma delgada o atlética: Adiciona más definición y forma a la figura con faldas anchas y una cintura pequeña.

¡Bueno saberlo!

Los vestidos con faldas anchas o tipo imperio son ideales para las figuras atléticas. La atención se centrará arriba y en la cintura pequeña que es creada por efecto de una falda ancha.

Forma delgada o atlética
Ilustración corte con falda ancha y
cintura pequeña

Figura llena o ancha

Las jovencitas con una figura ancha a menudo son de cuerpo y busto grande con curvas notorias. Casi todas las formas de vestido le quedan bien a este tipo de cuerpo. Los vestidos con cortes en los hombros o mangas diminutas pueden ayudar a disimular un poco el ancho de los brazos.

Estilos que van mejor con una figura llena o ancha: La idea es adelgazar la parte de la cintura permitiendo un flujo alrededor de la parte baja del cuerpo. Para lograr este efecto en todo el cuerpo, tanto en la parte de adelante como en la trasera, el uso de un corsé es ideal.

¡Bueno saberlo!

Un vestido de dos piezas conformado por un corsé y una falda hace sobresalir el torso y oculta un trasero ancho. Otra opción es el corte imperio, ya que concentrará la atención en la parte superior del cuerpo. El escote en "V" en la parte superior da un efecto de alargamiento y destaca el busto con un efecto alargado.

Figura llena o ancha
Ilustración vestido corte imperio partido en dos:
corsé y falda, y con cortes diminutos en
los hombros

TIPOS DE VESTIDOS DE QUINCE

Hoy en día la moda en los vestidos se ha simplificado mucho. Atrás quedaron los vestidos con mangas abombadas o altas y con escotes recatados. Por el contrario, las jovencitas de hoy se inclinan más hacia un vestido con escotes o *strapless* y con colores y texturas de acuerdo a la temporada del año.

Si la celebración de tus quince es más tradicional y empieza con el servicio religioso de acción de gracias, el vestido debe reflejar una apariencia solemne que guarde respeto hacia la ceremonia religiosa. Eso no significa que tengas que estar cubierta de la cabeza a los pies, pero sí debes considerar el uso de una bufanda o chaleco diminuto que cubra tus hombros. Esto también le dará un toque de misterio al vestido o dejará en los invitados la sensación de que luciste dos atuendos durante la celebración: uno para la iglesia y otro para la fiesta. De la misma manera, guardar un toque de sobriedad y sencillez hará de tu atuendo el más elegante e inolvidable.

Para elegir tu vestido ten en cuenta, antes que nada, el tipo de fiesta que vas a tener. Para una fiesta de noche o elegante puedes elegir un vestido largo. Este modelo de vestido sigue siendo el preferido por las quinceañeras en colores que varían desde tonos pastel hasta rojo, negro o azul rey.

Para una fiesta durante el día puedes lucir un vestido a media pierna o arriba de los tobillos dependiendo de tu estilo y el motivo de tu fiesta. Predominan igualmente durante el día los tonos claros.

Si la celebración es en el jardín de tu casa un vestido sencillo comprado en una tienda nacional puede ser una buena opción y, lo que es mejor, encontrarás precios que oscilan entre los $80 y $600.

EL COLOR DEL VESTIDO

Uno de los detalles clave para el éxito de un buen vestido de quince es el color. Para ello tendrás que tener en cuenta el estilo del vestido, la temporada del año, el color de la piel y del pelo, así como la forma de tu cuerpo.

MODELO DE VESTIDO Y ACCESORIOS

Los tipos de vestidos que tienen más demanda entre las jovencitas son los largos con corte en forma de corazón. Es decir que el escote tiene formas redondeadas en la parte superior del corte. Es muy popular también acompañarlos con un broche o gancho de pelo en pedrería para resaltar el pelo de la homenajeada.

En cuanto a las faldas, las quinceañeras prefieren faldas que llevan capas de *chiffon* o en satén o tul para dar un toque de brillo o iridiscencia al traje.

Algo que puede ser extremadamente atractivo, pero que puede resultar un poco exagerado, es el uso de guantes hasta los codos. Esto dará un toque más elegante, soñado y tradicional. En caso de llevar estos guantes es preferible el uso de una joyería sencilla y no muy recargada para crear un balance y no opacar el vestido.

TIPOS DE TELA

Usualmente los tipos de tela para quince son aquellas telas que fluyen, como la organza cristal, el satén y el *chiffon*. Estas telas son suaves, delicadas y le darán la fluidez y la gracia que este tipo de traje necesita.

Satén	Seda tupida con uno de los dos lados brillante. Tiene una excelente caída y brillo.
Seda	Fibra de seda muy suave y natural. La tela es tejida utilizando la fibra de filamento natural producida por el gusano de seda en la construcción de su capullo. La seda es una fibra natural fuerte, brillante, fina, versátil y de alta calidad.

Terciopelo	Es una de las telas más lujosas debido a su corte uniforme, pelo grueso y suave. Tradicionalmente hecho de seda, el terciopelo viene en una variedad de mezclas tales como rayón/seda, algodón o nylon, y algunos terciopelos, tales como el terciopelo elástico, tienen algo de licra incorporada.
Encaje	Es decorativo y abierto, hecho en tejido de punto. El encaje se coloca por encima de una tela de base o de fondo, para destacarlo.

CUÁNTO GASTAR EN UN VESTIDO DE QUINCE

Para muchas quinceañeras el vestido puede convertirse en la pieza más importante de la celebración. Un vestido de quince puede oscilar entre los $80 y los $1.500. ¡Sí! ¡Leíste bien! Por lo tanto, es importante definir lo que quieres, siempre guardando la proporción de lo que presupuestaste al inicio de la planeación.

Existen varias formas de conseguir un vestido hermoso y espectacular a bajo costo. Aquí te enumero algunas:

Vestidos de muestra

Averigua en tiendas de vestidos de quince si tienen a disposición vestidos de muestra o los que todo el mundo se mide. Muchas tiendas de moda necesitan mover su inventario por lo que resulta conveniente para ellos venderlos a buen precio.

Vestidos usados o en consignación

Las tiendas de consignación o de vestidos usados son un gran recurso para conseguir una ganga en un vestido súper elegante. Allí también podrás conseguir no solo el vestido de quince, sino también vestidos para tu mamá y para algunos familiares que planeen ir a la celebración.

Tiendas de alquiler de vestidos

Hay tiendas de alquiler que se especializan en vestidos de quince y graduación. Un alquiler de vestido oscila entre $50 y $400.

Distribuidores mayoristas

Puedes unirte con otras amigas que están a punto de cumplir sus quince e ir a distribuidores mayoristas. Algunos de estos distribuidores tienen días especiales para clientes al detal, pero exigen que compres más de tres unidades. Esta es una buena idea en caso de que tengas un baile central con otras amigas quinceañeras. Podrías negociar con el distribuidor incluir tu vestido y lograr un descuento por volumen de compra.

El closet de mamá

Algunas madres conservan a través del tiempo vestidos que han usado en ocasiones especiales. Es una forma cariñosa y romántica de adicionar a las memorias de la familia. Analiza si el vestido puede ser modificado, si es una tela de calidad y hermosa, tal vez podrás visitar una modista y hacerle un par de cambios ¡que lo harán lucir como nuevo!

VINTAGE

Los vestidos *vintage* siempre estarán de moda y hay una abundancia de fabulosos vestidos viejos. Estos vestidos podrías conseguirlos por $500 y hasta $5.000. Sin embargo, encontrar el vestido que se ajuste a tu tamaño o talla puede ser un reto. En Internet puedes encontrar páginas web que ofrecen este tipo de servicio. Revisa si hay alguna tienda en tu ciudad que se dedique a lo *vintage* y visítala. Puedes llevarte una grata sorpresa.

Tiendas nacionales en el centro comercial

Fácilmente, el vestido de tus sueños puede estar en el centro comercial. En algunas secciones de vestidos de fiesta de las tiendas nacionales hay una selección de vestidos para quinceañeras que no tienen nada que envidiarle a los vestidos de diseñador o de marca. Y lo que es mejor: ¡a la mitad de lo que puede costarte un vestido de diseñador!

LOS ZAPATOS

Uno de los accesorios más importantes en la celebración de los quince son los zapatos. Como comenté anteriormente, el rito del cambio de zapato de niña a zapato de tacón lo hace aún más especial. Por lo tanto, los zapatos serán el centro de atención durante la ceremonia.

El cambio de zapatos simboliza el paso de niña a mujer. El padre de la quinceañera participa en el ritual ayudando a la jovencita a cambiarse los zapatos planos por los zapatos de tacón. A partir de este momento, la joven quinceañera continuará con los tacones durante el resto de la celebración.

Dado que sería "oficialmente" la primera vez que la joven lleva zapatos altos, es imprescindible que estos sean cómodos tanto para caminar como para bailar. Y, tal como puede pasar con el vestido, aunque los zapatos sean soñados, es mejor que los dejes en el estante del almacén si no son cómodos.

¡Bueno saberlo!

¡Hazlo divertido! Si realmente es la primera vez que usas zapatos de tacón, en algún momento durante la fiesta cambia los tacones por botas o tenis o algún tipo de zapato que te encante y que rompa con la formalidad de la celebración.

TIPOS DE ZAPATOS

La forma y la altura del tacón son variables importantes a la hora de comprar los zapatos para tus quince. A continuación te presento la lista de los tipos de tacones más utilizados para que escojas los adecuados para ti.

Tacones de aguja

Tacones de aguja

Este tipo de tacón va muy bien con vestidos formales. Si tu estilo es conservador o tradicional, este tipo de zapato te quedará muy bien. Si te decides por este tipo de tacón, es aconsejable que uses los zapatos unos días antes de la celebración para que tus pies se acostumbren.

Con abertura adelante o *peep toes*

Son ideales cuando quieres lucir elegante y sexy, mostrando solo unos cuantos de tus dedos de los pies. Este tipo de zapato te dará una apariencia sofisticada y la sensación de que tus piernas son más largas.

Con abertura adelante o "peep toes"

Plataforma

Son los predilectos hoy en día por las jovencitas que celebran sus quince. Además de hacerte sentir cómoda, te ayudan a aumentar centímetros sin tener que torturar tus pies.

Plataforma

Sandalias

Son idealmente usadas en climas cálidos o en la playa y representan un sinónimo de sensualidad y elegancia ya que, dependiendo de su diseño, decoran el pie sin cubrirlo en su totalidad. Este tipo de zapato es también preferido por las jóvenes.

Sandalias

Zapatillas o *flats*

Es una buena opción si no estás acostumbrada a usar zapatos altos o si eres muy alta. Sin embargo, no son precisamente muy elegantes o formales, por eso los expertos recomiendan los *flats* solo para vestidos cortos o casuales. Puedes usar este tipo de zapato como una alternativa para cambiar tus zapatillas durante la fiesta en caso de que te agotes o quieras sentirte más cómoda.

Zapatillas o "flats"

VARIEDAD DE COLORES Y MATERIALES

El típico y tradicional es el zapato de tacón forrado en seda o raso. Afortunadamente, en estos tiempos, las posibilidades son mucho más amplias, lo cual además hace más fácil conseguirlos. Algunas opciones más modernas son, por ejemplo:

> ➤ zapatos en tonos metálicos (preferidos por las quinceañeras);
> ➤ sandalias adornadas con piedras como *strass* (diamantes falsos) o lentejuelas;
> ➤ zapatos de encaje.

Evita a toda costa usar zapatos oscuros, negros o marrones ya que esto puede opacar tu vestido de quince. En la medida de lo posible, usa colores neutros como los metálicos. Es ideal que lleves unos zapatos nuevos que simbolicen el momento mágico que estás viviendo.

Llevar unas sandalias o zapatillas cerradas sin tacón en tu maletín de emergencia puede salvarte en caso de que te sientas cansada o incómoda con los zapatos de tacón. A la hora de la verdad, es aceptable que te cambies y tus invitados lo verán bien.

ACCESORIOS

Los accesorios que acompañan a la quinceañera dan un toque diferente al vestido. Al momento de elegir los accesorios ten en cuenta que deben agregar un toque sutil al conjunto de tu vestido y zapatos, e incluso, ser un tenue complemento a la temática en general de la fiesta. Como regla general, selecciona accesorios que no sean pesados y que no se caigan o enreden al momento de caminar.

A continuación encontrarás una breve descripción de los accesorios más usados por las quinceañeras:

La tiara

Al igual que los zapatos, la tiara o corona son parte de la tradición del vestido de una quinceañera. Si eres de esas jovencitas que no desea lucir una tiara, puedes optar por un accesorio en pedrería que adorne tu cabeza, el cual podría ser un pin o gancho en cristal.

Los aretes

Busca unos aretes o zarcillos que complementen tu arreglo de pelo. Ten en cuenta que usar aretes muy grandes puede opacar el conjunto de tu rostro.

La gargantilla o collar

No siempre es necesario que lleves una gargantilla. Dependiendo del tipo de vestido y la pedrería que lleva tu vestido deberás seleccionar la gargantilla o collar. Afortunadamente, hoy en día algunas tiendas en Internet venden un paquete de accesorios que incluye el conjunto de tiara, aretes y collar.

EL BAILE CENTRAL

El baile central es usualmente el *show* o espectáculo presentado por la quinceañera y su corte de honor. En algunos casos, las quinceañeras optan por tener un baile personal sin corte de honor. De ser así, la quinceañera prepara un baile donde ella es el centro de atención. Después del baile central, sea con corte o sin corte de honor, se da por iniciada la fiesta.

LA COREOGRAFÍA

Para preparar un baile central busca ayuda con un especialista en baile o coreógrafo. No trates de aprender un ritmo que no conoces. Si no te gusta o no sabes bailar merengue, por ejemplo, no es lo ideal hacer un baile central con ese tipo de música.

Usualmente, la coreografía incluye el baile de la joven con su padre, el baile con la corte de honor y un baile sorpresa. Los tipos de baile oscilan entre salsa, merengue, hip-hop, reggaetón, punta y swing.

El tema de los quince está tan de moda hoy en día que te será muy fácil conseguir un coreógrafo para tu celebración. Busca uno que tenga experiencia en preparación de corte para quince años.

Una de las cualidades principales de un coreógrafo para quinceañera es, ante todo, la paciencia ya que muchos de los jóvenes que forman parte de la corte no tienen mucha idea de bailar el vals. Para que tu baile central sea impecable y bonito, debes empezar a ensayar al menos con dos meses de anticipación y dedicar al menos dos o tres horas a la semana para ensayar.

LA CORTE DE HONOR

La corte de honor usualmente es conformada por amigos y familiares con edades cercanas a los quince años. Según la tradición, se conforma por quince parejas dentro de las cuales están incluidos tú y tu pareja. El número de parejas simboliza la transición de la quinceañera de niña a mujer y es una evocación de lo que has vivido a lo largo de tus quince años de vida. A medida que cada pareja va entrando en el salón o lugar de la celebración, cada una es anunciada con la música de fondo que la homenajeada ha escogido previamente.

La misión de la corte de honor no es solo participar del baile central; los miembros de tu corte, además de ser tus amigos cercanos con quienes deseas disfrutar de este momento, pueden ayudarte en la planeación de la fiesta. A continuación te menciono alguna de las responsabilidades y tareas que podrás asignar a algunos miembros de tu corte:

- ➤ Entregar invitaciones.
- ➤ Ayudar a armar los recordatorios.
- ➤ Seleccionar la música de la fiesta.
- ➤ Hacer diligencias, como por ejemplo recoger los manteles de la decoración, etc.
- ➤ Formar parte del baile central.
- ➤ Vestir de acuerdo a la ocasión y a lo que la quinceañera selecciona para su corte de honor.

TEN EN CUENTA:

Cómo hacer sentir especiales a los miembros de tu corte:

✔ Elige una canción que tenga un significado en común para cada uno de los miembros de la corte.

✔ Infórmale a cada uno de los miembros lo que tú esperas de ellos en la celebración. Si ellos no están de acuerdo o no se sienten cómodos, está bien si deciden no acompañarte.

✔ Cómprales un recordatorio especial, como un collar, un adorno en cristal, llaveros, etc.

✔ Escoge un atuendo para los miembros de tu corte que sea atractivo y con el que ellos se sientan cómodos.

✔ Mantenlos informados, a través de tu página web o red social, de lo que está pasando en relación a los ensayos y los avances de tu fiesta de quince.

CÓMO INVITAR A LOS MIEMBROS DE TU CORTE DE HONOR

Prepara una invitación que tú misma puedas hacer y que vaya de acuerdo a la temática de tu celebración. Antes de anunciar o invitar a quienes te acompañarán en tu corte de honor, piensa bien si quienes vas a invitar cuentan con el tiempo y la disponibilidad para acompañarte.

También puedes hacerlo de manera más casual enviándoles un mensaje de texto o con una llamada telefónica. No luce nada bien que mandes a invitar a alguien a tu corte de honor a través de otro amigo o familiar. Es algo que debes hacer personalmente.

En el caso de que no cuentes con amigos suficientes para completar las catorce parejas, considera hacer una coreografía donde, por ejemplo, los varones puedan rotarse entre las mujeres durante el baile. No tienes que tener catorce parejas necesariamente. Si no deseas que se note que hay más mujeres que hombres o viceversa, entonces simplemente escoge un grupo más pequeño que simbolice la corte de honor.

No te sientas obligada a invitar a tu corte a alguna amiga o familiar simplemente porque tu mamá te lo impone o porque tus otras amigas la invitaron a participar en su corte de honor.

En caso de que no puedas tener a todos los que quisieras en tu corte de honor, piensa en un detalle o un momento en tu fiesta para sorprenderlos y hacerlos sentir especiales.

SALUD Y BIENESTAR

Sin duda un hermoso vestido, unos muy finos zapatos y unos elegantes accesorios te ayudarán muchísimo a brillar el día de tu quinceañera. Sin embargo, será la belleza natural de tu piel, de tu pelo y tu salud física lo que te hará lucir realmente bella. Así que ya es hora de empezar a preocuparte por el tipo de cuidados que le brindas a tu piel y a tu pelo, y por la forma en que alimentas tu cuerpo.

LA PIEL

La joven quinceañera debe preparar su piel para el día esperado. Es recomendable una alimentación balanceada y el cuidado adecuado de la piel. Acudir al dermatólogo o esteticista al menos dos meses antes de la celebración es una buena idea. Con él revisarás si tu piel necesita una limpieza profunda o un tratamiento que puede ser realizado con anticipación para evitar lucir el día de la celebración con marcas indeseables en la piel.

Algunas jóvenes pasan por problemas constantes de acné; es por ello que el hábito de la limpieza diaria de la piel es clave para lucir una piel radiante, fresca y saludable.

EL PELO

Una visita al estilista para ensayar cómo lucirás el día de tus quince es una gran ayuda. Así evitarás sorpresas desagradables el día de tu fiesta. Puedes ensayar dos opciones de peinado y escoger el que más se adapte a tu tipo de pelo, tu color de piel y el maquillaje que lucirás.

No es recomendable hacerse cortes de pelo demasiado drásticos el día de la celebración ya que esto puede hacerte sentir terrible en ese momento tan especial. Si deseas hacerte un cambio de *look*, lo más recomendable es que lo hagas al menos con quince días de anticipación. El cuidado del pelo lo puedes hacer aplicándote cremas o masajes para el pelo que te ayuden a evitar la salida de horquillas.

EJERCICIOS Y NUTRICIÓN

Es claro que en la edad adolescente, el cuerpo está aún en desarrollo y generando cambios físicos que pueden desencadenar más hambre y el aumento de energías. Por ello es imprescindible una nutrición balanceada acompañada de hábitos alimenticios saludables.

Controlar los hábitos alimenticios en la edad adolescente es muy difícil: se suele picar entre horas o cuando se ve la televisión, comer demasiados dulces, beber demasiados refrescos en vez de agua, abusar de las patatas fritas y de todo tipo de paquetes de *snacks*, helados, etc.

La regla número uno de una alimentación balanceada es: desayuna fuerte, almuerza bien y cena ligero.

Lo anterior no significa que tengas que comerte todo lo que encuentras en el refrigerador por las mañanas, pero sí es conveniente un desayuno nutritivo y balanceado que te proporcione la energía que vas a quemar y consumir a lo largo del día. Algunas jóvenes optan por tomarse solamente un café en el desayuno pensando que así no engordarán. Este es un grave error tanto para tu cuerpo como para tu salud.

En cuanto al almuerzo, es muy cómodo y divertido comer un sándwich. Sin embargo, es preferible una comida completa. En caso de que no puedas acceder a ello, es conveniente acompañar el sándwich con una fruta, un yogurt o una barra de cereal.

Lo peor que puedes hacer es saltarte una comida ya que esto ocasiona un desequilibrio en tu metabolismo favoreciendo así el aumento de peso. Y, lo que es peor, eso te hará devorar la siguiente comida que tengas enfrente, lo cual compensará todo aquello que no comiste cuando debías.

Convertir la cena en la comida principal del día es un gran error ya que durante la noche el organismo no es capaz de quemar las calorías ingeridas, acumulándose así en forma de grasa en tu cuerpo.

LA DIETA "QUINCEAÑERA"

A continuación te presento una idea de alimentación balanceada que puedes usar como referencia para mantener y preparar tu cuerpo para el gran día de tus quince.

Los especialistas en nutrición recomiendan ingerir alrededor de 2.000 calorías diarias distribuidas a lo largo de todo el día. Cinco porciones divididas en desayuno, media mañana, almuerzo, merienda y cena, podrían ayudar al balance ideal de acuerdo a las calorías y sin tener que morirte de hambre.

Desayuno

Puedes optar por un café con leche con poca azúcar y dos torrejas de pan integral, o una taza de cereal con leche y frutas.

Media mañana

Un jugo de frutas natural o galletas.

Almuerzo

Porción pequeña de pasta o arroz integral preparado con aceite de oliva, tomate o una ensalada y una porción de pollo del tamaño de tu mano.

Merienda

Una fruta.

Cena

Una taza de sopa de vegetales o un sándwich con pan integral y queso bajo en grasa.

¡Bueno saberlo!

Los chicles o gomas de mascar tan preferidos por las quinceañeras, están cargados de azúcar y no tienen ningún valor nutricional, además de crear una secreción gástrica excesiva que produce la sensación de que tu estomago está vacío. Es mejor optar por otro tipo de *snack* más saludable como por ejemplo barras de cereal con bajas calorías.

EN RESUMEN...

Tu preparación personal es clave para el manejo de tu autoestima. Escoger el vestido adecuado a tu figura acompañado de un bello par de zapatos te hará vivir con emoción este momento tan esperado. Saber que ya tienes tu corte de honor y que vienen momentos inolvidables, es parte de esta mágica celebración.

A continuación te presento nuevamente la sección que corresponde al tema de este capítulo del organizador central de tus quince. Recuerda ir marcando las actividades a medida que las vas llevando a cabo.

EL ORGANIZADOR CENTRAL DE TUS QUINCE

LA MODA QUINCEAÑERA (VESTIDO, ZAPATOS Y ACCESORIOS) Y EL BAILE CENTRAL

Quedan _____ días para mis quince (coloca los días que te quedan hasta el día de la fiesta aquí).

Haz citas para ver vestidos de quince.	(✓)
Escoge el modelo que quieres lucir y que va de acuerdo a tu figura.	
Decide quién te hará el vestido o si lo comprarás hecho. Escoge el sitio y el modelo.	
Decide si vas a tener baile central.	
Escoge el coreógrafo que preparará tu baile central.	
Si vas a tener corte de honor, selecciona los miembros de tu corte.	
Prepara invitación impresa o electrónica para enviar a tu corte de honor.	
Anuncia en tu página o blog quiénes te acompañan en la corte de honor y los días para el ensayo.	
Selecciona tres modelos de vestidos para tu corte de honor y escoge el vestido que llevará tu corte.	
Selecciona el modelo de traje para los hombres.	
Ensaya, ensaya y ensaya el baile.	
Escojan el sitio donde se reunirán los miembros el día de la fiesta para arreglarse.	
Prepara una mesa de pasabocas o entradas para tu corte en el sitio de reunión antes de la fiesta.	

Ya estás en condiciones de saber:

> ➤ tu tipo de cuerpo;
> ➤ estilo, color y tela que deseas para tu vestido;
> ➤ tipo de zapato y altura;
> ➤ tipo de accesorios que deseas lucir;
> ➤ cómo serán tu corte de honor y el baile central;
> ➤ alimentación ideal para llegar a tu fiesta en forma y saludable.

NOTAS PARA RECORDAR:

_____

_____

_____

_____

_____

_____

_____

_____

_____

CAPÍTULO

7

· · · · · · · · · · · · · · · ·

La decoración y los recordatorios

"Yo celebré mi quinceañera al estilo del Real Madrid, lo que yo más quiero en el mundo. A la entrada del salón una figura de Cristiano Ronaldo daba la bienvenida. El salón fue decorado con manteles blancos, las sillas con lazos dorados, los centros de mesa eran pequeños árboles de los cuales colgaban estrellas doradas y fotos del equipo español. Las paredes fueron adornadas con el escudo del Real Madrid y otros adornos con los colores tradicionales del equipo de futbol los cuales brillaban con luces intermitentes. Mi vestido fue color dorado. El regalo de mis mejores amigos fue una torta con el escudo del Real, un regalo muy lindo. Creo que fue el mejor que recibí porque sinceramente amo a ese equipo, y desde pequeña crecí viendo sus partidos".

Marcela
Colombia

LA DECORACIÓN

Ideas fabulosas para una gran fiesta quinceañera

- La tela de tul o *chiffon*, cinta gruesa, o una combinación de ambas es un excelente recurso para decorar sin tener que invertir mucho; además, es fácil de conseguir.

- Haz los centros de mesa tú misma; busca los elementos en tiendas de dólar o de artesanías.

La decoración es sin duda una de las partes más divertidas en la planeación de la fiesta de quince. Sin embargo, también puede resultar una de las partes más difíciles de resolver ya que, primero, debes ajustarte al presupuesto; y segundo, puede que tengas tantas buenas y lindas ideas en tu mente que te cueste decidirte por una sola.

Pensar en qué tan tradicional es tu celebración, el sitio donde lo harás, la hora y el número de invitados, son buenos puntos que te pueden ayudar a tomar la mejor de decisión. Por ejemplo, si la celebración es con cien invitados, necesitarás diez centros de mesa, uno por cada mesa de diez invitados sentados, además de la decoración de la mesa del pastel y la de la comida, si elegiste servir la comida tipo bufé.

La iluminación del salón es otro aspecto crucial para definir el tipo de decoración. El mismo día que escojas o reserves el salón de la fiesta, debes responderte inquietudes como las siguientes: ¿es un salón oscuro? ¿tiene ventanas? ¿por dónde entra la luz que da hacia la mesa de pastel?, etc.

Si el techo del salón es blanco y plano totalmente, piensa en colocar velos o retazos de tela de seda o tul en el color principal de la fiesta. Esto le dará un toque mágico a tu decoración y usualmente no es muy costoso.

Si quieres crear un efecto más interesante, puedes colocar luces debajo de los velos. Sin embargo, revisa esta opción ya que esto adiciona un costo relativamente alto a la decoración.

IDEAS O TEMAS DE QUINCE QUE ESTÁN DE MODA

Si aún no has decidido la temática de tu fiesta, a continuación te presento algunos de los temas de moda. Puedes decidirte por alguno de estos o simplemente usarlos de inspiración para crear algún tema nuevo y diferente:

- ➤ Cenicienta
- ➤ Mariposas
- ➤ Las Vegas
- ➤ Ángeles
- ➤ Rosas
- ➤ Carrusel
- ➤ *Grease*
- ➤ Disco
- ➤ Corazones
- ➤ Mexicano
- ➤ Hawaiano
- ➤ Mardi Gras
- ➤ Plaza
- ➤ Carnaval de Brasil
- ➤ Árabe
- ➤ Blanco y negro

Otra forma de seleccionar el tema de tus quince es de acuerdo a la piedra preciosa o tipo de flor del mes en que naciste. En la siguiente tabla puedes encontrar la piedra y la flor correspondiente a tu cumpleaños.

MES	PIEDRA PRECIOSA	FLOR
Enero	Granate	Clavel
Febrero	Amatista	Violeta o primaveral
Marzo	Aguamarina	Violeta
Abril	Diamante	Margarita o guisantes de olor
Mayo	Esmeralda	Lirio, azucena o espino blanco
Junio	Perla	Rosa
Julio	Rubí	Lirio o azucena
Agosto	Peridoto y ónix	Gladiolos
Septiembre	Zafiro	Campanillas
Octubre	Turmalina	Lúpulo o caléndula
Noviembre	Topacio	Crisantemos
Diciembre	Turquesa o lapis lazuli	Flor de navidad o crisantemo

DECORACIÓN DEL SALÓN

Para la decoración del salón ten en cuenta cuál es el diagrama que usarás para colocar las mesas. Estúdialo con el encargado del salón o con la firma o experto en banquetes que contrates. En caso de que la celebración sea en tu casa, analiza las diferentes posibilidades con tu mamá o familiar más cercano que te esté ayudando.

Las plantas, retazos de seda o tul y las velas son elementos ideales que harán del salón de tu fiesta un espacio único y acogedor.

LAS MESAS

Algunos salones de fiesta te dan dos opciones de mantelería para escoger. Usualmente son manteles básicos de banquetes en color blanco, marfil o negro. El precio usualmente está incluido dentro del alquiler del salón. Si prefieres una opción diferente podrás alquilar un sobre mantel con diseños en tela de tul o seda redondo o cuadrado.

El sobre mantel puede ser en uno de los colores principales del tema de la fiesta. Si prefieres más sobriedad, un sobre mantel en colores pálidos como el blanco o el marfil te darán el toque.

Hoy en día hay empresas de alquiler de artículos para banquetes que ofrecen materiales ricos en color y textura tales como manteles en lentejuelas o en telas tipo *vintage*. El costo del alquiler por cada mantel oscila entre los $20 y los $120 dependiendo del tipo de material que te guste.

FLORES

Si vas a usar flores en tu celebración, estas deben ir acorde a la estación, al vestido y al color principal de la celebración. Cuando visites al especialista en flores o la floristería trae contigo varias fotos del vestido y del color de tu fiesta para hacer una selección acertada.

Ordena las flores con anticipación y asegúrate de que las flores estén en el salón antes de que el fotógrafo llegue al sitio de la fiesta.

CÓMO AHORRAR EN LAS FLORES DE TUS QUINCE

Evita flores que no sean de temporada o que sean demasiado exóticas que requieran ser enviadas desde un lugar distante. Por ejemplo, las peonías son flores que pueden costar $4 por unidad durante la primavera, pero cerca de $15 en otoño. Escoge flores que encuentres en abundancia en tu área y flores que sean económicas pero frescas tales como los pompones o los claveles.

Investiga cuáles flores no están al alcance de tu presupuesto y selecciona solo aquellas que tengan precios razonables como por ejemplo los claveles, las margaritas, los girasoles, las camelias, los gladiolos, las hortensias y los crisantemos.

Las rosas, los tulipanes y las orquídeas varían en costo según la estación.

Las flores como las orquídeas hawaianas son típicamente costosas debido a su delicadeza y al cuidado que requieren.

Combina flores reales con flores de seda para disminuir los costos.

Evita diseños o arreglos que requieran mucho trabajo tales como la utilización de alambres o cintas especiales. Por ejemplo, las orquídeas o flores pequeñas por su delicadeza y por los cuidados requeridos cuestan más de lo que piensas.

Compra tú misma las flores, ya sea en Internet, en una floristería cercana o hasta en el supermercado. Corta y arregla las flores con ayuda de tu mejor amiga o familiar cercano. Puedes conseguir floreros preciosos a muy bajo costo en tiendas de arte o en establecimientos especializados en flores o artículos de floristería china. Casi siempre hay una en cada barrio.

Usa flores largas que sean frondosas. Evita las flores pequeñas.

Los centros de mesa no necesariamente tienen que ser hechos con flores. Puedes innovar utilizando diseños diferentes como por ejemplo linternas de papel, mariposas de seda, cajas decorativas o cualquier otra cosa relacionada con la temática de tu fiesta. Solo ten en cuenta que los elementos requeridos sean fáciles de conseguir.

FLORES EN EL ALTAR DE LA IGLESIA

Si eres católica, entonces el altar de la iglesia será un sitio especial para ti durante la celebración. Averigua cuáles son las reglas de tu iglesia en cuanto a la decoración con flores. Algunas iglesias tienen requisitos en cuanto al tamaño, color y posición de las mismas en el altar. De hecho, algunas iglesias prefieren proveer ellas mismas las flores y solicitar una donación a cambio.

¿FLORES EN LAS MESAS DEL SALÓN?

Los centros de mesa elaborados con flores sin duda embellecen el salón y dan un toque acogedor a cualquier espacio. Sin embargo, hay otras opciones además de las flores que puedes considerar si no cuentas con suficiente presupuesto o si en cambio prefieres marcar la diferencia.

Para decorar las mesas del salón solo tienes que poner a volar tu imaginación pues hay miles de opciones interesantes. En vez de flores, también podrías considerar velas, espejos, tazas transparentes o de vidrio llenas de agua y flores, entre otros elementos. Estas son ideas innovadoras y fáciles de elaborar que inclusive te permitirían a ti misma hacerte cargo de la decoración.

Por ejemplo, algo tan sencillo como una o varias velas flotantes rodeadas de pétalos de rosas rosadas o del color del tema de tu fiesta le darán un toque delicado y cándido a las mesas de los invitados. Otras ideas podrían ser los figurines de plástico o cerámica con el diseño de la muñeca de quince años, el número quince o candelabros de cristal con diseños románticos combinados con cintas y flores acrílicas de colores. Todas estas son excelentes ideas para adornar las mesas del salón de la fiesta.

No olvides que los centros de mesa deben ir acorde a los manteles, al tamaño de la mesa y además deben ser de baja altura, o de una altura tal que los invitados puedan verse las caras y mantener una conversación cómoda.

Si finalmente decides tener arreglos florales como centros de mesa, entonces ten en cuenta que las flores no tengan mucha fragancia, especialmente si colocas flores en la mesa del bufé.

ALTERNATIVAS PARA LA MESA DEL BUFÉ

Las flores en la mesa del bufé pueden ser utilizadas para complementar y embellecer la presentación de la comida, pero ¡cuidado! Evita flores que sean extremadamente sensibles al calor como por ejemplo los claveles.

En vez de flores puedes optar por decorar con frutas o ramas verdes o puedes usar figuras hechas de icopor o plástico diseñadas de acuerdo al tema de la fiesta. Las figuras hechas de icopor o plástico son una gran alternativa de decoración y tienen un costo razonable.

LA MESA DEL PASTEL

Como he mencionado antes, la mesa del pastel es uno de los principales atractivos del salón. Evita recargar esta mesa con flores u otros elementos. Mi mejor recomendación es decorar la mesa del pastel con un mantel elaborado con una tela llamativa y atrayente, como por ejemplo lentejuelas o un mantel estampado que vaya acorde con los colores de la fiesta.

¿FLORES O GLOBOS?

Además de las flores, otro elemento muy utilizado en la decoración de este tipo de eventos son los globos. Las flores por su lado le dan un toque más sobrio y clásico a los espacios. Los globos, en contraste, lucen más divertidos y pomposos.

En general uno creería que los globos resultan una opción más económica que las flores. Pero en realidad todo depende de la cantidad de globos que uses. Si decides colocar arcos, columnas y centros de mesa hechos con globos, el costo puede llegar a ser el mismo que el de una decoración con flores. Es importante que evites recargar el salón con globos para que no luzca como una fiesta infantil.

Independientemente de seleccionar flores o globos, una buena forma de ahorrar dinero en la decoración es escoger solamente dos o tres colores específicos. De esta manera podrás escoger los colores de temporada o aquellos que se encuentren en descuento.

¡Bueno saberlo!

Los claveles y las margaritas son flores bastante económicas. Las rosas, las orquídeas y los tulipanes son más costosos. Compra follaje para rellenar. Esto te permitirá usar de cinco a seis flores por arreglo dependiendo del tamaño de la base.

VELAS

Las velas son un magnífico complemento en la celebración de los quince. Además de ser económicas, se pueden conseguir en colores y tamaños variados. Si buscas una decoración romántica, íntima y sobria, puedes inclinarte por una decoración hecha en su mayoría con velas y complementar con algunos velos y flores.

Ya que hoy en día las velas tienen fragancias, puedes optar por usar velas con tu fragancia preferida, ya sea vainilla, olor a rosas, etc. Esto le dará un toque muy especial al salón. Recuerda no colocar velas aromáticas en la mesa del bufé.

Un buen complemento para las velas es colocar un espejo circular o cuadrado alrededor de ellas para dar un efecto elegante y con brillo. Este tipo de espejo lo puedes conseguir en tiendas de arte y manualidades.

LOS RECORDATORIOS Y SU SIGNIFICADO

El recordatorio es un pequeño detalle de agradecimiento que se le entrega o coloca en el puesto de cada invitado que asiste a la celebración. Representa una oportunidad para esmerarte y mostrarle a cada invitado lo especial que es para ti. Por eso la selección del recordatorio es algo muy personal y especial.

TIPOS DE RECORDATORIOS PARA LOS QUINCE

Antes que nada, los recordatorios no necesariamente tienen que ir acordes con la decoración y pueden ser tan sencillos o tan elaborados como desees. Afortunadamente, hoy en día es posible consultar por Internet muchas tiendas online con miles de opciones para recordatorios. Haz una búsqueda para enterarte de las diferentes opciones que hay en el mercado.

Muchas de estas tiendas ofrecen recordatorios con precios muy razonables, por lo tanto ordenarlos a través de Internet puede ser una excelente opción para ti. Algunos sitios de Internet pueden hacer detallitos diseñados especialmente para fiestas de quince. Estos pueden ser un poco más costosos, pero estarías pagando por algo único y especial.

Dentro de las ideas de recordatorios más usuales puedo mencionarte mini espejos en forma de corazón, carteritas con juego de manicura en forma de corazón, chocolates en forma de número quince, cajitas personalizadas de mentas, crema miniatura de manos, marcadores de libros, entre otras.

Los precios de los recordatorios oscilan entre $0,50 y $15 dependiendo de lo que escojas.

Algunas quinceañeras se inclinan por recordatorios más sofisticados, como productos de marcas de diseñadores tales como llaveros, pañoletas y otros accesorios. Esta podría ser una buena opción si cuentas con un presupuesto amplio o si el número de invitados es reducido o muy exclusivo.

Otra alternativa es tener dos tipos de recordatorios: unos sencillos para tus invitados y otros exclusivos o de marca para tus padrinos y/o los miembros de tu corte de honor, en caso de tener una.

Idealmente los recordatorios deben ser uno por invitado. Como mínimo debes entregar un recordatorio por familia o pareja. La manera en que distribuyas los recordatorios dependerá del tipo de recordatorio que decidas entregar. Los recordatorios sencillos pueden utilizarse como recordatorios individuales, es decir, para que cada invitado reciba el suyo. Si optas por recordatorios más sofisticados, puedes entregar uno por familia o pareja. La regla más importante es que nadie o ninguna familia se quede sin recordatorio. Esto podría hacerte quedar mal a ti y hacer sentir incomodo a tu invitado.

EN RESUMEN...

Escoge el tema de la decoración teniendo en cuenta el número de invitados, la hora y el lugar donde llevarás a cabo tus quince. Analiza la iluminación del salón para determinar dónde y qué debes colocar en cada espacio. Para hacer más fácil la selección del tema de la fiesta, apóyate en el tipo de piedra preciosa o flor de acuerdo a la fecha de tu cumpleaños.

Para hacer una combinación ideal en la decoración, con poco presupuesto, no necesariamente necesitas arreglos florales. Hoy en día también puedes optar por decorar con globos, figuras acrílicas, de cerámica o de icopor y, por supuesto, con velas, muchas velas. Las opciones dependen principalmente de la hora y del lugar de la fiesta.

El organizador central de tus quince, presentado al principio del libro, te ayudará a hacer una buena planeación de la decoración de tu fiesta. A continuación te presento la sección del organizador correspondiente a los preparativos de la decoración y los recordatorios. Recuerda seguir y cumplir cada uno de los pasos del organizador para que la decoración de tu fiesta sea sencillamente... ¡espectacular!

EL ORGANIZADOR CENTRAL DE TUS QUINCE

LA DECORACIÓN Y LOS RECORDATORIOS

Quedan _____ días para mis quince (coloca los días que te quedan hasta el día de la fiesta aquí).

Indaga vía Internet o en tiendas especiales sobre los recordatorios de moda.	(✓)
Busca modelos de arreglos florales o centros de mesa.	
Compra los materiales de la decoración y centros de mesa y prepáralos en tu tiempo libre o con ayuda de tu familia.	
Si decides contratar un especialista en decoración, este es el momento de hacerlo.	
Decide si quieres hacer tú misma tus recordatorios o si los vas a ordenar.	
Compra los recordatorios u ordena los materiales si lo harás tú misma o con ayuda de un familiar.	
Haz los centros de mesa.	
Arma una mesa modelo con la idea que tienes.	
Escoge los manteles o la decoración de las mesas.	
Averigua sobre regalos para tu corte de honor o personas especiales a quienes quieres agradecer en tu fiesta.	

Ya estás en condiciones de saber:

➤ el tema de tu fiesta;
➤ el color de acuerdo a la fecha de tu cumpleaños;
➤ la decoración y sus elementos;
➤ el recordatorio que darás a los invitados.

NOTAS PARA RECORDAR:

_____

_____

_____

_____

8

Las fotos, el video y la música

"Mi quinceañera fue un sueño hecho realidad. Todo empezó con un paseo en limusina a lugares importantes de mi ciudad para una sección de fotografía. Estuvimos en El Palacio de Buenas Artes, El Ángel de la Victoria y al final fuimos al centro a oír mariachi. Luego de la sección de fotos llegó el momento de la celebración con todas las de la ley: baile central, vals y, eso sí, baile, baile y más baile. El DJ estuvo fabuloso, tocó de todo: música hispana, tecno, hip-hop, reggae. Tan pronto como la música empezó, yo comencé a jalar a todo el mundo a la pista... y todos bailamos hasta el cierre de la fiesta que fue con el tradicional baile El Caballo Dorado".

María de los Ángeles
México

LA FOTOGRAFÍA

Ideas fabulosas para una gran fiesta quinceañera

Una sesión de fotos antes de la fiesta de quince es una tendencia moderna, divertida y que te dará la oportunidad de aflorar tu personalidad. Escoge ropa espectacular que vaya con tu estilo y no trates de imitar a tus amigos o compañeros de la escuela.

- Piensa en los accesorios que combinan con la ropa seleccionada.

- Revisa las diferentes poses que te gustaría hacer durante la sesión de fotos y video. Discútelas con tu fotógrafo y, lo mejor...: ¡Relájate y diviértete!

La mejor forma de enaltecer y perpetuar el momento mágico de tus quince es a través de las fotografías. A medida que pase el tiempo, tú y tu familia recordarán este momento mágico cada vez que abran ese álbum precioso con las fotos de la celebración de tus quince. Por ello, unas buenas fotos que capten cada uno de los momentos más importantes de la celebración resultan ser un tema fundamental, como también lo es la elección de un buen fotógrafo.

Antes de decidir qué fotógrafo contratar, es bueno que te reúnas con tres o cuatro de ellos. Pregunta al encargado del hotel o del salón de la fiesta por los fotógrafos que ellos usualmente usan para sus eventos.

Los criterios de selección del fotógrafo pueden ser su portafolio, su experiencia en fiestas de quince, los paquetes de fotografía que ofrezcan, los servicios que contienen estos paquetes y el precio. Sin embargo, los fotógrafos también tienen estilos diferentes, por lo tanto selecciona uno que coincida con tu propio estilo para que te tome las fotos que tú siempre has soñado.

TEN EN CUENTA:

✔ Para definir el estilo de fotografía que usarás para tu momento especial, revisa el portafolio de cada fotógrafo que entrevistes. Entre los tipos de fotografía encontrarás la periodística, la espontánea, la editorial, la formal o la creativa.

✔ Hoy en día la fotografía digital te permite retocar, crear e imprimir las fotos fácilmente.

✔ Algunos fotógrafos trabajan con un asistente. Aunque puede resultar un poco más costoso, es conveniente, ya que el ayudante puede enfocarse en fotografías espontáneas de los invitados, por ejemplo.

TIPOS DE PAQUETES DE FOTOGRAFÍA

Muchos fotógrafos ofrecen paquetes fotográficos que incluyen una variedad de servicios. Esto te da la facilidad de escoger aquel paquete que más se acomode a tu estilo y presupuesto.

A continuación te menciono los paquetes de fotos más solicitados por las quinceañeras:

PAQUETES DE FOTOS MÁS SOLICITADOS POR LAS QUINCEAÑERAS	
ALGUNOS TIPOS DE PAQUETES DE FOTOS	**EN QUÉ CONSISTEN**
Básico	Un paquete de este tipo puede incluir fotos de la ceremonia religiosa y con la familia de la quinceañera inmediatamente después de que termina la ceremonia.
Standard	Aproximadamente seis horas de fotografías con familia y amigos en una sola locación, permiso para publicar las fotos donde quieras, toma ilimitada de fotos digitales y más.
De lujo	En su mayoría incluye seis horas de fotografías, permiso para publicar las fotos donde quieras y un álbum de fotos diseñado y montado para ti.
Combinado (fotos y video)	Incluye un paquete de video y seis horas de fotografías, permiso para publicar las fotos donde quieras, un álbum de fotos diseñado y montado para ti y el video perfectamente editado.

FOTOS ANTES DE LOS QUINCE

Algunas quinceañeras y sus familiares hacen una sesión de fotos antes de la fecha de la celebración. Estas fotos las puedes utilizar para diferentes cosas como, por ejemplo, para elaborar una tarjeta de reservación de la fecha de la celebración. Estas fotos también pueden ser usadas en la página web de tus quince en caso decidas tener una.

CÓMO AHORRAR EN LAS FOTOS DE TUS QUINCE

Considera un fotógrafo profesional para las fotos formales de la ceremonia solamente. Pídele a los invitados que tomen fotos espontáneas de la fiesta y crea un álbum de fotos online o electrónico donde ellos puedan publicar las fotos que tomaron.

Considera un estudiante de fotografía que esté en búsqueda de construir su portafolio. Mira detalladamente el portafolio de fotos que haya construido el estudiante hasta el momento.

Puedes bajar los costos de fotografía si decides hacer el álbum de fotos tú misma. Puedes consultar miles de ideas en Internet ya sea para diseñar un álbum online o para hacer uno físico. En el mercado puedes encontrar diferentes tipos de papel y materiales para elaborar un álbum físico de fotos espectacular e innovador.

Si vas a realizar tu fiesta un día de semana, un viernes o un domingo, es posible que puedas conseguir un descuento, ya que son días sin mucho trabajo para el fotógrafo.

SÁCALE PROVECHO A TU SESIÓN DE FOTOS DE QUINCE

Entrevístate con tu fotógrafo con suficientes días de anticipación a la celebración o día de la sesión de fotos. Conoce su forma de ser y que él conozca tu personalidad para que pueda sacar lo mejor de ti durante la sesión de fotos.

Es posible que estés nerviosa al inicio de la sesión. ¡Tranquila! Después de que el lente de la cámara haya disparado unas cuatro o cinco veces, tomarás confianza y las fotos saldrán espontáneamente.

Considera lucir un maquillaje natural, con colores neutrales y no muy recargado. Consulta con tu fotógrafo sobre el tipo de maquillaje que debes lucir ya que el maquillaje debe adaptarse a los interiores y exteriores del salón donde se tomarán las fotos.

Gracias a la tecnología, tu fotógrafo podrá hacer algunos retoques electrónicos a las fotos para eliminar algunas imperfecciones.

Comer comida pesada o fuerte antes de la sesión de fotos no es buena idea. Considera comer algo suave antes de la sesión de fotos para no sentirte cansada cuando estés en plena acción.

Siempre pregunta a tu fotógrafo si debes llegar maquillada y peinada a la sesión de fotos. En algunas ocasiones los fotógrafos profesionales tienen su propio maquillador que conoce perfectamente el estilo y ángulo del fotógrafo.

Haz una lista del tipo de fotos que te gustaría tomarte tu sola y con tus familiares y amigos.

EL VIDEO

El video te permitirá perpetuar de una manera vívida el gran momento de tus quince. Tener un video también te da una excusa perfecta para compartir ese evento con familiares y amigos después de la fiesta, ya que podrán reunirse y tener una velada especial para verlo juntos, reír y hasta llorar recordando los momentos más especiales de la celebración.

Algunos fotógrafos incluyen en sus paquetes la realización de un video para las quinceañeras. Si tu fotógrafo no ofrece este tipo de paquetes, hay firmas de video que se especializan en quinceañeras. Sin embargo, revisa muy bien el precio de este servicio cuando lo contrates de manera individual. Algunos paquetes cuestan alrededor de $900 y pueden llegar a costar hasta $3.000 dependiendo del tipo de equipos, formato, edición y tiempo que escojas. A continuación enumero algunos aspectos a tener en cuenta en este tipo de contratación:

➤ El tipo de cámara que se utilizará para realizar el video (alta resolución).
➤ Cuántas locaciones usarás para el rodaje.
➤ El tiempo de rodaje (algunos paquetes básicos empiezan con dos o tres horas).
➤ La edición del video después de la filmación.
➤ Edición de un video tráiler de dos minutos.
➤ La inclusión de un disco Blu-ray.
➤ Entrevistas con tu familia y amigos.
➤ La música y los títulos que pondrás en el video.
➤ Efectos especiales en el video.
➤ Tiempo de entrega.

Un paquete básico, por ejemplo, puede incluir dos cámaras de alta resolución, un camarógrafo, locaciones ilimitadas, seis horas de grabación y transferencia de todo el video en diferentes formatos, entre otros servicios.

TEN EN CUENTA:

✔ Es ideal tener dos cámaras para la grabación de tu video de quince, ya que una se enfocará en ti y la otra cámara servirá para capturar momentos especiales de la fiesta y de tus invitados.

✔ Habla con el realizador del video e indícale cuáles son los momentos especiales e importantes que quieres filmar como, por ejemplo, el cambio de zapatillas, el baile central con tu padre, etc.

✔ Decide si deseas tener sonido natural durante la fiesta para que tu realizador provea micrófono inalámbrico en tal caso.

✔ Los efectos especiales en el momento de la edición son determinantes para la calidad y presentación del video. La calidad del producto terminado dependerá del paquete que escojas.

✔ Algunos productores de video cargan un costo adicional a cada copia extra que se solicite. Negocia desde el principio el número de copias que deseas.

¡Bueno saberlo!

Duerme lo suficiente, hazte un tratamiento facial, consigue un buen maquillador y peinador y mantente relajada el día del rodaje de tu video o sesión de fotos.

HABLAN LOS EXPERTOS

Misael Reyes, fotógrafo en Misael Photography, especializado en fiestas de quince, bodas y retratos en Miami, Florida, nos da unas recomendaciones a la hora de elegir un buen fotógrafo:

PREGUNTA: **¿Cuál es la tendencia en fotografía para quinceañeras?**

RESPUESTA: Tradicionalmente, la fotografía de quinceañeras abarca varios tipos de fotografía. La tendencia es utilizar la fotografía de retratos (formal y estilo de vida), la fotografía de moda y la fotografía de eventos. Se usan estos estilos y tipos de fotografía al fotografiar a la niña con su vestido ceremonial, así como con otras prendas de vestir, con la intención de retratar este importante momento de su vida que representa la transición de la niñez a la edad adulta. El fotógrafo también puede tomar a la cumpleañera mientras participa en las ceremonias tradicionales durante la fiesta o celebración, mediante diferentes técnicas de fotografía de eventos.

P: **¿Cuál es su mejor consejo para lograr fotografías dentro de un presupuesto?**

R: Al establecer un presupuesto total para una celebración de quinceañera es importante dejar de lado una parte de ese presupuesto para la fotografía. Por desgracia, muchos padres no consideran la fotografía como un elemento importante de la celebración y cuando se dan cuenta de lo importante que es, ya es demasiado tarde. Imagínense años más tarde tratando de revivir ese momento muy importante en la vida de una hija sin fotos que captaron el estado de ánimo y las emociones que siente toda la familia ese día.

Las fotos se convierten en reliquias de familia; ellas documentan y preservan la historia de una familia para las generaciones venideras. Mi recomendación es contratar a un fotógrafo como uno de los primeros pasos en la planificación de la celebración. Hay fotógrafos en cada gama de precios y la inversión se basará en la cantidad de cobertura que los padres decidan tener. Hay muchos fotógrafos que están empezando, que suelen ser menos costosos que los fotógrafos establecidos. Sin embargo, hay que tener cuidado en cuanto a sus habilidades y destrezas. Es importante solicitar muestras de su trabajo y, en particular, trabajos relacionados con el interés de quien los contrata. www.misaelphotograpy.com

LA MÚSICA

Uno de los componentes más críticos en una fiesta de quince es la música. Dadas nuestras raíces hispanas, fluye por nuestra sangre la música alegre cuando de celebración se trata. Sin duda lo que más harán tú y tus invitados durante la fiesta será bailar y bailar. Por eso, no puedes dejar de lado la selección y preparación del tipo de música que quieres disfrutar con tus seres queridos.

Dado que los quince se han convertido en una celebración popular, han proliferado miles de álbumes musicales donde se compila una selección de las canciones preferidas por las jovencitas. Algunos de estos álbumes incluyen temas para el ritual religioso y momentos relevantes como el baile o vals central, el cambio de zapatos, las ofrendas florales, el baile con la corte, entre otros.

¿MÚSICA EN VIVO, DJ O MP3?

El tipo de música, ya sea un grupo en vivo, un DJ o MP3, dependerá de tus deseos, los gustos de tus invitados y sobre todo del presupuesto. Si la celebración es en grande y el presupuesto alcanza para contratar un conjunto de música que toque en vivo, ¡adelante! Una fiesta animada por un grupo musical es espectacular. De hecho, algunas jovencitas pueden darse el lujo de tener el grupo o banda de música del momento.

Averigua cuánto puede costar la presentación de una banda que toque en bares o restaurantes. Algunas de estas bandas o grupos tienen precios especiales para fiestas de quince.

Si tu deseo es tener música en vivo, debes considerar la contratación de un buen equipo de sonido. En ocasiones, puede que la banda de música que contratas cante de lo mejor, pero si el sonido no es bueno puede sonar como la banda mas desafinada de todas.

Una tendencia muy de moda en quinceañeras es la contratación de un DJ que no solo se encargará de poner la música en forma fluida sino que también anima con un micrófono a los asistentes. Entrevista a dos o tres DJs para tener una idea de su estilo y discutan el tipo de música y las canciones especiales que deseas bailar y escuchar.

Elabora una lista anticipada junto con el DJ para que este tenga tiempo suficiente de conseguir aquellas canciones que no estén en su repertorio. Escoge música variada y que sea conocida y acorde a los gustos y edades de tus invitados para complacerlos a todos. Colocar música que solo tú conoces o que no es del agrado de todos puede hacer que el ritmo de la fiesta decaiga. Para lograr el equilibrio entre música vieja, nueva y tradicional, revisa las listas de las estaciones radiales para saber lo que está de moda y combínalo con las canciones tradicionales.

CANCIONES SUGERIDAS Y ORDEN DE LOS BAILES

En la siguiente tabla encontrarás la lista y el orden de las canciones que son tradicionalmente utilizadas en fiestas de quince. Trata de que ninguna de estas falte en tu repertorio.

CANCIONES TRADICIONALES EN LAS FIESTAS DE QUINCE			
TIPO DE CANCIÓN	MOMENTO	QUIÉN LO BAILA	CANCIONES SUGERIDAS
Vals o canción favorita	Entrada triunfal	La quinceañera	"Marcha triunfal" (Ángelus) "Quinceañera" (Timbiriche) "I Got a Feeling" (The Black Eyed Peas) "Balada para Adelina" (Richard Clayderman) "Get the Party Started" (Pink) "Melissa" (Raul Di Blassio)
Vals tradicional	Primer baile	Tu papá y los chambelanes	"Tiempo de vals" (Chayanne) "Es mi niña bonita" (varios artistas) "De niña a mujer" (Julio Iglesias) "La última muñeca" (varios artistas) "Danubio azul" (Johann Strauss)
Vals o canción popular	Segundo baile	Padrinos de la fiesta	"Marcha triunfal" de Aída (Verdi)
Música de mariachis	Durante la repartición del pastel	Simplemente para ser escuchada por los asistentes	"Las mañanitas" (varios artistas)
Música de todo genero	Toda la noche	Todos los invitados	Música tradicional, popular y moderna

EN RESUMEN...

Tu quinceañera es una oportunidad preciosa para tomarte unas buenas fotografías y filmar un buen video. Para algunas quinceañeras es el momento de sacar la modelo que llevan dentro. ¡Aprovecha el momento y diviértete!

Antes que nada, escoge entre tres o cuatro fotógrafos de acuerdo al estilo de cada uno y también al costo. Si no cuentas con suficiente presupuesto, en las escuelas de fotografía podrás conseguir un estudiante que esté interesado en construir su portafolio profesional.

Algunos fotógrafos incluyen la realización de un video en sus paquetes de trabajo. Si este no es el caso del fotógrafo que contrataste, considera algunas opciones como el uso de una cámara de alta resolución para el rodaje de tu video.

Otro componente clave en una fiesta de quince es la música. Para mantener animada la fiesta, coordina anticipadamente ya sea con el DJ o con la banda en vivo el repertorio musical para garantizar que se escuchen ritmos intercalados y combinaciones de canciones tradicionales y de moda. Para ello puedes consultar la guía musical de las estaciones radiales.

A continuación te presento la sección correspondiente al organizador central de tus quince presentado al principio del libro, para que tomes atenta nota de todos los detalles que forman parte de la planeación de la fotografía, el video y la música.

LAS FOTOS, EL VIDEO Y LA MÚSICA

Quedan _____ días para mis quince (coloca los días que te quedan hasta el día de la fiesta aquí).	
Haz una cita con tres o cuatro fotógrafos.	(✓)
Selecciona el paquete de fotografía y video.	
Escoge el día de la sesión de fotos y video antes de los quince (si el paquete que escogiste incluye una sesión de fotos previo a la fecha de la fiesta).	
Selecciona lo que vestirás en la sesión de fotos.	
Haz una lista de los momentos que quieres que capturen en especial el día de la ceremonia y la fiesta.	
Haz una lista de las personas que no quieres que falten en tus fotos o video.	
Escoge la música para la ceremonia religiosa y para la fiesta.	
Si optas por la música en vivo, reserva los músicos.	

Ya estás en condiciones de saber:

➤ si harás las fotos con un fotógrafo profesional o con un principiante;

➤ si las fotos serán casuales, espontáneas, formales o tipo editorial;

➤ qué paquete de fotografía y video se ajusta a tu presupuesto;

➤ la calidad, producción, edición y efectos especiales para hacer de tu video algo espectacular;

➤ las canciones para los momentos principales como el baile con tu papá, los chambelanes y los padrinos;

➤ el tipo de música que se tocará para animar a los invitados y para que nadie deje de bailar durante toda la noche.

NOTAS PARA RECORDAR:

9

La etiqueta

"Quería que todos mis invitados se sintieran muy importantes y especiales, y mi mamá se enteró de un curso de etiqueta que estaban dando en el community college de mi área, y me inscribió. Al principio sentí que no lo necesitaba, que sería todo un 'aburrimiento' hacerlo. Sin embargo, entre más se acercaba la fecha de la fiesta, pensaba en cada persona que iría y cómo los atendería. Tomar el curso de etiqueta me enseñó cómo sentarme en la mesa, cómo saludar, y me dio consejos para saludar a todo el mundo. Para ponerle el toque especial, le dije a mi mamá que quería tener una 'red carpet' a la entrada para saludar y tomarme fotos con todo el mundo, y así lo hicimos ¡y saludé a cada uno de los invitados en mi 'red carpet'!".

Dulce María
Los Ángeles

¿QUÉ ES LA ETIQUETA?

Ideas fabulosas para una gran fiesta quinceañera

- Coloca en la invitación la fecha límite para que tus invitados respondan si asistirán o no a la fiesta.

- Sé cordial y educada y saluda a todos los invitados, no importa si son amigos de tu mamá y no tuyos.

- Una vez que termines de comer, recorre las mesas de los invitados y saluda a todos, absolutamente todos, los invitados.

- Dedícate 100% a tus invitados y deja el teléfono celular guardado en tu cartera.

- Sé cariñosa y especial; envía notas de agradecimiento después de la celebración.

La etiqueta es un código de normas que rigen la sociedad. Es, como mínimo, el comportamiento que se espera entre un grupo de personas y que permite además mantener el nivel de respeto entre todos. Es posible que algunas de las normas no estén escritas en ninguna parte, y más bien se reflejen en la forma de comportarse de un individuo.

Si bien es cierto que este libro no es una guía de normas de etiqueta, es imprescindible tener en cuenta este tema, en la planeación de tus quince años por varios motivos. El principal es, básicamente, que queremos hacer sentir bien a todos los que harán uso de su tiempo para asistir a tu celebración.

Para algunas personas, la palabra etiqueta puede sonar aburrida, pues es visto como una norma rígida de comportamiento. Sin embargo, es clave para poder tener armonía en el grupo social en el que te desenvuelves. Atrás han quedado los años en los que esta norma básica de comportamiento en la sociedad era asociada con la clase alta. Hoy en día cualquier persona, y en especial una joven quinceañera, debe tener al menos una noción de comportamiento social.

Las reglas de etiqueta son códigos que nos ayudan a comportarnos en sociedad según las normas convencionales de la época, las clases sociales o grupo cultural. Por su parte, cada ocasión tiene sus códigos de comportamiento y, aunque con la rapidez con que hoy se mueve el mundo no todas las normas que se usaban en los tiempos pasados son tan imprescindibles, un poco de cortesía es necesaria para tener una integración positiva con los demás.

Y la celebración de tus quince no es la excepción para que tengas en cuenta las normas de etiqueta y educación. Estas son sinónimo de elegancia y organización.

TEN EN CUENTA:

✔ Aunque tú seas la homenajeada, llega puntualmente a la celebración.

✔ Durante la llegada de los invitados saluda a tus familiares, amigos y conocidos con calidez y respeto.

✔ Evita las controversias, los insultos y la curiosidad entrometida en ese momento especial.

✔ Contribuye a las conversaciones sin querer ser el centro de atención.

✔ En el momento de la cena, evita hablar con la boca llena y haciendo gestos con los cubiertos o tus manos.

✔ Acepta los regalos con alegría y evita comentarios negativos o de rechazo si no te gustan.

ETIQUETA PARA LAS INVITACIONES

Como lo hemos mencionado antes, la distribución de las invitaciones debe hacerse con anticipación para dar tiempo a los invitados a planear sus calendarios. Como un gesto de cortesía, es recomendable hacerlo con un mes de anticipación como mínimo.

Hay quienes desean que la mayoría de sus invitados asista y por esa razón envían una tarjeta de "reserva el día", ya sea impresa o electrónica, tres meses antes de la celebración.

En tu tarjeta formal, que envías con un mes de anticipación, podrás incluir la sigla francesa R.S.V.P. (*répondez s'il vous plaît*) que en español significa "favor de responder". Si deseas colocar la sigla o la palabra en español podrás usar S.R.C. (se ruega contestar). Algunos expertos en etiqueta consideran que todos los que reciben una invitación deben responder si asistirán o no a la celebración.

Es clave incluir junto a la frase R.S.V.P. o S.R.C. una fecha límite para que los invitados puedan responder si asistirán o no a la fiesta. Por lo general quince días o dos semanas antes es lo más usual, para que te dé tiempo a finalizar los preparativos.

Sin embargo muchas personas, tal vez por desconocimiento, piensan que solo deben responder a la invitación si *no* asistirán al evento. En esta época moderna se ha creado también otra abreviación o palabra que se incluye en la invitación que dice *"regrets only"*, lo cual significa "responda sólo si no va a asistir", y se da por entendido que los que no responden a esta solicitud asistirán a la fiesta.

LA LISTA DE INVITADOS

Si bien realizaste una lista de invitados desde el inicio para determinar el número de personas que asistirán a tus quince, revisar la lista quince días antes de la celebración te dará una idea del número de personas que asistirán. Tres días antes deberás tener un conteo final, lo cual te permitirá confirmar con el sitio donde harás la fiesta para que, de esta forma, haya comida y puestos suficientes, así como detalles especiales que planeas dar a los invitados.

EL CEREMONIAL Y EL ORDEN

Existen varios formatos para el desarrollo de la celebración. Y todo también depende del estilo y formalismo que le darás a tus quince. A continuación te presento, en términos generales, ideas para cumplir con la etiqueta adecuada en tu celebración de quince:

LUGAR Y TIPO DE CELEBRACIÓN	EN QUÉ CONSISTE LA ETIQUETA
Entrada a la iglesia	**Entran en orden:** la corte, la mamá y luego la quinceañera del brazo de su padre o de ambos papás. **Durante el ritual:** Se realizan los rituales seleccionados por la quinceañera. **A la salida:** Sale la corte, luego la mamá y por último la quinceañera del brazo de su padre o de ambos papás.
La fiesta	**Entrada de los invitados:** Son recibidos por los familiares más cercanos de la homenajeada, mientras la joven espera en otro salón o desarrolla su sesión de fotos. **Entrada triunfal:** La joven hace la entrada triunfal con su corte. Inicialmente entra en orden la corte y por último ella junto a su pareja o del brazo de su padre. **El cambio de zapatos:** Si la joven decidió hacer el cambio de zapatos bajos a tacones, este es el momento de hacerlo. Sentada en una silla o "trono" decorado especialmente, procede a cambiar sus zapatos. **El vals:** Luego viene el momento de bailar el vals y la presentación de su "baile especial". Primero baila con sus papás, luego con sus abuelos, tíos y finalmente con su corte de honor. **El brindis:** Ocurre una vez que concluye el vals y en muchas ocasiones es hecho por la joven agasajada. Si este es tu caso, sé concisa y breve, agradece con cariño a tus papás y a tus padrinos y en general a los que están en la fiesta. Otra opción es que hagan el brindis los papás de la quinceañera. **El pastel:** Es un momento simbólico y especial. El pastel es cortado inicialmente por la homenajeada y sus papás. Posteriormente el servicio de banquetes procede a cortarlo en general. El momento de cortar el pastel es oportunidad para unas buenas fotografías. **La comida:** Si tienes un coctel, este sucede mientras los invitados van llegando al salón y la joven espera en otro lugar. Una vez que se ha cortado el pastel, se procede a servir el banquete ya sea plato servido o tipo bufé. **El baile:** Es el momento para bailar y celebrar mesuradamente con tus invitados.

EL VESTUARIO

La forma en que la homenajeada irá vestida a su fiesta, marcará la pauta para los invitados. Es decir, si la quinceañera va vestida en vestido largo y muy pomposo, el código de los invitados será traje y corbata para los varones y traje de coctel para las mujeres. Es recomendable colocar el tipo de vestimenta que deberán llevar los invitados si la fiesta es demasiado formal. Así evitaras malos entendidos o sorpresas con tus invitados.

EL VESTIDO LARGO

El vestido largo es sinónimo de elegancia y por lo tanto es la vestimenta apropiada para una fiesta formal, donde el código de vestir para los varones es el *"tuxedo"* o esmoquin.

Para que el vestido largo se destaque por su elegancia y clase, deberán tenerse en cuenta el corte del escote, la tela y el color. Algunos vestidos admiten las pedrerías o lentejuelas.

Sin embargo, siempre piensa que "menos es más". Esto no solo con respecto al diseño del vestido, sino también a la cantidad de joyas que luzcas, así como el estilo de los zapatos.

CORBATA NEGRA, *TUXEDO* O ESMOQUIN

Se deberá colocar en la invitación que el código para vestir será la corbata negra o esmoquin. Este tipo de vestimenta se usa cuando la fiesta es formal y de noche. Llevar esmoquin en la tarde no es un vestuario apropiado para esa hora del día. Los caballeros irán de esmoquin y las damas de vestido largo.

Las piezas básicas del esmoquin son la chaqueta, que normalmente es negra, la camisa de color blanco con cuello corto, corbatín, pantalones negros con una línea lateral que combina con la solapa de la chaqueta, fajín, chaleco y zapatos negros de charol.

¡Bueno saberlo!

¿CÓMO LUCIR UN ESMOQUIN?

El esmoquin debe llevarse siempre puesto. Quitarse la chaqueta y continuar la celebración sin ella suele considerarse un signo de poco dominio de la etiqueta.

Al estar de pie se lleva siempre abrochado y al sentarse se desabrocha, para volver nuevamente a colocar el botón si la persona se pone de pie nuevamente.

El largo del pantalón debe quedar por encima del tacón del zapato. Si se porta chaleco no se deberá usar el fajín y viceversa.

EL VESTIDO DE COCTEL

Este tipo de vestido tiene varios tipos de uso, especialmente si la ocasión no es demasiado formal. Funciona perfectamente para fiestas por la mañana o la tarde. La elegancia del vestido de coctel se verá influenciada por el tipo de tela, el lujo en su pedrería, las joyas y los zapatos que, en este caso, son visibles a primera vista y por tanto será clave que coordinen con el tipo de vestido.

SACO Y CORBATA

En algunas ocasiones, y aunque el vestido de la quinceañera es largo, formal y muy pomposo, los invitados pueden ir vestidos de saco y corbata y las mujeres de traje de coctel corto o a media pierna.

Para lucir elegante y de acuerdo a la ocasión, el traje del saco y el pantalón pueden ser del mismo tono. En caso de querer agregar un toque de informalidad, el saco y el pantalón pueden tener dos tonalidades (uno claro y el otro oscuro).

EN LA MESA

Ubicar en las mesas a tus invitados es una tarea fácil si tienes en cuenta algunas normas de etiqueta básicas. Para distribuir a tus invitados en las diferentes mesas puedes basarte en el rango o categoría de los invitados.

Teniendo en cuenta que es una celebración de quince años a la que asistirán en su gran mayoría la familia cercana y amigos de la edad de la homenajeada, podrás también ubicar a tus invitados de acuerdo a la edad y relación.

Usualmente, en un banquete de quince años la mesa principal es presidida por la quinceañera, sus padres y sus hermanos. Al lado, o muy cerca de la mesa anfitriona, podrás decidir colocar primero a tu familia cercana— abuelos, tíos y primos—y en las mesas siguientes a la de los familiares, vendrán la mesa de la corte y posteriormente los puestos para los amigos.

LOS MODALES DE UNA QUINCEAÑERA EN LA MESA

El correcto comportamiento en la mesa es una muestra de educación y buenos modales en una ocasión tan especial. A continuación detallo algunos consejos para seguir la etiqueta adecuada según masalto.com.

Al sentarte, evita dejarte caer en la silla y no entrelaces los brazos detrás de la silla, ya que puede interpretarse como muestra de pereza.

Procura no balancearte en la silla ya que causa muy mala impresión.

Nunca comas poniendo los codos sobre la mesa. Cuando uses los cubiertos baja los codos manteniéndolos junto al cuerpo.

Si tienes personas a tu alrededor, conversa moderadamente con ellos. No te dediques simplemente a comer. Habla del clima, de la moda, nunca sobre temas religiosos, políticos o que causen dolor a, o generen un conflicto con, la otra persona.

Come con la boca cerrada. No hables con la boca llena porque es muy desagradable. No abras la boca con anticipación si el alimento no ha llegado a tus labios. Evita hacer ruido con la comida que masticas.

Por nada del mundo te lleves las manos a la cara mientras comes, ni uses los dedos para rascarte mientras comes.

Si sientes ganas de bostezar, hazlo con naturalidad y cúbrete la boca con tu mano. No te estires en la mesa, es de muy mal gusto.

Es posible que te haya encantado el platillo que te han servido. Tratar de limpiar el plato metiendo el pan o la tortilla al plato es señal de mala educación. ¡Nunca lo hagas!

Nunca te chupes los dedos, ni te limpies los dientes con la lengua o las uñas.

Si estás aburrida mejor levántate de la mesa y saluda a otros; no se te ocurra jugar con los cubiertos y darle vueltas al salero, no es correcto.

Si sirven de entrada una sopa y está caliente, no trates de soplarla para enfriarla, ni llenar la cuchara y dejar caer el chorro en el plato o la taza, simplemente espera, o bien, muévela un poco con la cuchara. Empieza a tomar por la orilla del plato.

Usa los cubiertos con suavidad cuando comes, no golpees los cubiertos contra el plato. Y no muevas tus manos con los cubiertos en la mano.

Mostrar ansiedad frente a un plato de comida, porque te gusta mucho o porque tienes mucha hambre, es de mal gusto. Unos minutos de espera en nada perjudican y la naturalidad es el mejor principio de la educación.

Si el mesero se acerca a poner o retirar el plato aparta amablemente el brazo para facilitar el servicio, agradece y se amable con esa persona que te está sirviendo.

Si tomas líquido con pitillo, deja un poco de líquido para evitar hacer ruido cuando se esté terminando.

Por muy rica que esté la comida y quieras repetir, no está bien visto pedir repetición en una fiesta.

Evita preguntar cosas a la persona que tienes a tu lado en el preciso instante que se lleva comida a la boca. No te podrá contestar pues tiene la boca llena.

No ofrezcas cubiertos ya usados, sobras de pan o bebida de tu propio vaso.

Si alguno de tus invitados rompe algo por accidente, como anfitriona no le hagas sentir pena. La idea es que hagas sentir especiales a tus invitados.

Si por accidente manchas la ropa de tu vecina o vecino en la mesa, discúlpate y ofrece una servilleta para que se limpien. No lo hagas tú ya que esto se presta a malas interpretaciones.

Jamás eructes por gusto y, si lo haces, cúbrete la boca y pide disculpas si suena muy fuerte.

Apuntar con el dedo es falta de educación, con la vista o con la cabeza es lo correcto. Solo en caso de necesidad con la mano.

No es buena idea enfocarse en un solo invitado al compartir en la fiesta. Habla con todos, rota por las mesas y comparte.

No te retoques el maquillaje en la mesa.

Los cubiertos están dispuestos de acuerdo al orden de la comida. De afuera hacia adentro. a la derecha cucharas y cuchillos, a la izquierda los tenedores de acuerdo al menú. Las copas siempre van al frente, ordenándolas de derecha a izquierda, vino blanco o tinto y al final la copa de agua.

El pan se parte con los dedos, no con los cubiertos.

Nunca te lleves el cuchillo a la boca.

Es correcto detener el bocado que va en camino para terminar una frase.

Parte la carne conforme la ingieres, no la partas toda a la vez.

Al comer espagueti, dale con el tenedor dos vueltas hacia adelante y, si es necesario, dos más hacia atrás. Para asegurar que no resbale de los dientes del tenedor, córtalo con el cuchillo.

Después de comer, deja la mesa impecable, sin migajas o restos de comida alrededor de donde estabas sentada.

EL COMPORTAMIENTO EN LA FIESTA

El comportamiento en la fiesta de quince está relacionado con todos los aspectos, desde el vestuario hasta los regalos que se reciben o se dan.

Si como anfitriona olvidaste colocar el tipo de vestido que deseas que tus invitados lleven, no te sientas incómoda si alguno de ellos exagera en el vestir o, por el contrario, se aparece a tu fiesta como si se hubiera acabado de levantar.

Los invitados a una fiesta deben considerar siempre el tipo de evento al que irán, pensar en la hora, el lugar y pensar también en la personalidad y estilo del anfitrión.

En la mayoría de los casos, la mejor opción cuando no se describe qué vestido se debe llevar, menos es más. Para las mujeres, un buen vestido de color liso es algo seguro. En los hombres, una camisa blanca y un pantalón de color liso y oscuro es suficiente.

Otro punto clave en el buen comportamiento, tanto del anfitrión como del invitado, es la puntualidad. Llegar media o una hora tarde es falta de educación, así como también llegar media hora antes de la hora fijada no está bien visto.

EL SALUDO

Mirar fijamente a los invitados es un asunto de interés y de elegancia. Al tiempo que saludas a tu invitado puedes estrechar su mano con firmeza, pero no con fuerza. Hacerlo con desgano, puede dar un mensaje de desinterés.

Si vas a saludar a una amiga, puedes hacerlo con un beso en la mejilla pero con suavidad, así evitaras estropear tu maquillaje y el de ella.

MODALES GENERALES

Come despacio, con bocados pequeños y con moderación. No tienes que comerte todo lo que está en el plato, ni toda la comida de la fiesta. En caso de que uno de los platos que estás degustando te guste mucho, procura no preguntar cuáles son los ingredientes de que está compuesto.

Puede que nos hayamos emocionado un poco en la fiesta y, por accidente, derramamos un poco de la bebida que estamos consumiendo en la mesa. Pide disculpas y trata de comunicárselo con delicadeza al mesero o a quien esté sirviendo el banquete y continúa haciendo lo que estabas haciendo de manera normal.

Al retirarte de la fiesta, despídete con cariño y de manera sencilla, dando gracias por la fiesta. De ninguna manera te quedes conversando un largo rato con algún invitado. Sería una muestra de mala educación para el resto de los invitados que esperan por ti.

TEN EN CUENTA:

✔ El estilo inglés: Los anfitriones se ubican en las cabeceras de la mesa, si la mesa es rectangular.

✔ El estilo francés: Los anfitriones presiden la mesa colocados en el centro de la mesa y enfrentados.

✔ En la mesa de invitados trata de intercalar hombre y mujer. En caso de no poder hacerlo, es mejor que sientes un hombre al lado de otro hombre, que una mujer al lado de otra mujer, de acuerdo a las normas de protocolo.org.

✔ Si tu fiesta es numerosa, es recomendable asignar puestos y colocar tarjetas con el nombre de cada invitado para que así todos sientan que tienen un lugar especial.

EN RESUMEN...

Has planeado con tus familiares este precioso momento de tus quince y no has olvidado ningún detalle. Por lo tanto, considerar las normas de etiqueta y entender lo que este término significa, será el toque final para ¡convertir tu celebración en algo mágico e inolvidable!

Atrás han quedado esos tiempos en que las normas de etiqueta se consideraban para la "alta sociedad". Hoy en día, ser cortés, especial y amable con los demás te hace un ser especial. Entender que cada quien merece un puesto y un trato personal, te hará lucir como una verdadera princesa. La idea es que, una vez que has pasado por todo el proceso de planeación, te detengas y analices la organización para asegurarte de que cada invitado que empleará su tiempo para estar contigo, sienta que tiene un merecido "puesto especial" en tu fiesta.

De igual forma, establecer normas como por ejemplo una fecha límite para confirmar si asistirán o no a tu fiesta, cuál es el vestuario apropiado y la comida que servirás, evitará momentos incómodos o inesperados tanto para ti, tu familia y los invitados.

A continuación te presento la sección correspondiente al organizador central de tus quince presentado al principio del libro para que tomes atenta nota de todos los detalles que forman parte de la etiqueta.

EL ORGANIZADOR CENTRAL DE TUS QUINCE	
LA ETIQUETA	
Quedan _____ días para mis quince (coloca los días que te quedan hasta el día de la fiesta aquí).	
Haz un programa ordenado de cómo será la celebración.	(✔)
Entérate del protocolo que se debe mantener en la mesa.	
Revisa la lista de invitados confirmados.	
Decide dónde y cómo sentarás a tus invitados.	
Entérate del significado de los buenos modales.	

Ya estás en condiciones de saber:

➤ el tipo de vestuario que tú y tus invitados podrán lucir;
➤ cómo llevar una indumentaria, tanto en damas como caballeros;
➤ el número estimado final de los invitados;
➤ el orden que precede la ceremonia y la fiesta;
➤ la ubicación de las mesas y cómo sentarás a tus invitados;
➤ cómo comportarte de acuerdo a la etiqueta y agasajar a tu invitados.

NOTAS PARA RECORDAR:

10

. . . .

Últimos detalles…

"*Mi mamá y yo revisamos el presupuesto varias veces durante la planeación. Sin embargo, consideramos que no necesitábamos un coordinador de fiesta. La última semana antes de mis quince, revisamos los detalles y nos dimos cuenta de que era mejor tener a alguien que ayudara a mi mamá ese gran día. Sin embargo, el presupuesto no daba para tanto así que decidimos hacer una lista muy completa con responsabilidades y con quién se encargaría de qué. Algunos tíos y primos me ayudaron en la organización y disfrutamos cada momento. Además nos sirvió para unir a la familia por una gran causa: ¡mi fiesta de quince años!*".

Melissa
Nueva York

LOS TOQUES FINALES

> ### *Ideas fabulosas para una gran fiesta quinceañera*
>
> Utiliza la lista de chequeo de esta guía de quinceañera para tener una idea general de todo lo que estás planeando.
>
> • Busca en Internet modelos de listas de asignaciones de tareas para fiestas.

Has pasado varios meses preparando la gran celebración ¡y el día tan esperado se acerca! La emoción nos embarga, tal vez con un poquito de nervios por la expectativa de lo que sucederá y al ver todo lo que hemos imaginado convertido en una gran fiesta

¡Pero cuidado! Esta última etapa es clave para que todo salga como lo planeaste. Y para ello deberás revisar punto por punto cada detalle para evitar que nada se escape.

ES HORA DE REVISAR...

El presupuesto

Si has seguido paso a paso esta guía, es probable que hayas revisado el presupuesto varias veces. Indudablemente, y como la fecha ya está cerca, es recomendable que tú y tu familiar más cercano se sienten de nuevo frente a la computadora y revisen lo que han gastado, lo que falta por pagar y lo que aún no se ha comprado.

Quizás has excedido el presupuesto y, si este es tu caso, es mejor que evalúes con cuidado si es necesario adicionar más flores a los arreglos de mesa por ejemplo. Si, por el contrario, aún te sobra dinero, puedes considerar pequeños cambios como colocar unos manteles más caros o, mejor aún, guardar dinero para tu fondo educativo. En cualquiera de los casos, lo que decidas dependerá de tus intereses y prioridades, de tus objetivos y de cómo ves la vida.

La lista de proveedores

Si realizaste una lista de proveedores con anticipación, es el momento de actualizarla, incluyendo nombre de contacto, teléfono, dirección y correo electrónico. Resulta útil también colocar algún tipo de información clave que haya que tener en cuenta a última hora. La lista de proveedores te ayudará a ti y a la persona a la que le has encargado ayudarte a coordinar los detalles el mismo día de la fiesta.

El número de invitados

Pensando que muy posiblemente en este momento ya estarás a una semana y media de la fecha de tu fiesta, reconfirmar la lista de invitados permite confirmar cuánta comida deberá prepararse. En caso de tener menos o más invitados de lo programado, este conteo final te ayudara a determinar los gastos finales. De igual forma, usualmente los hoteles o salones de fiestas requieren un conteo final tres días antes de la celebración. Algunos hoteles no aceptan cambios o cancelaciones en el número de asistentes dentro de los tres días antes del evento.

El diagrama del salón y cómo sentarás a los invitados

Reúnete con tu familiar más cercano y, si tu fiesta será en un salón de banquetes o en un hotel, revisa junto al encargado de banquetes el diagrama de cómo se colocarán las mesas y pídele que te oriente un poco sobre dónde sentar a tus invitados. Para esto es importante que tengas definido quiénes irán primero en el diagrama de las mesas del salón: tu familia, tu corte y tus amigos o tus amigos, tu corte y tu familia.

ESOS DETALLITOS PERSONALES

Ya revisaste algunas partes clave mencionadas arriba. Y parece que todo está cubierto. ¿Ya tienes seleccionada la canción que bailaras con tu papa? ¿Quién se va a encargar de recoger los regalos y lo que quede de sobra después de la fiesta?

La última semana y media de la planeación es el momento perfecto para ajustar esos detalles mínimos que no requieren de mucha preparación. Colócalo en tu lista de chequeo final. También es el momento para reconfirmar tu cita en el salón de belleza así como revisar que los accesorios y el vestido estén perfectamente listos para ese bello momento. Mídete el vestido por última vez y decide finalmente entre esos dos peinados que tanto te gustan. ¿Cuál es el mejor y el que se ajusta al estilo de tu vestido?

Ya lo sabes, queda en tus manos y las de tu familiar más cercano si deseas enfocarte en esos pequeños detalles o más bien dejar que las cosas fluyan sin preocuparte por pormenores de último momento.

TEN EN CUENTA:

✔ Realiza un ensayo con los que participarán en el ritual religioso y en la fiesta.

✔ Determina hora y lugar del sitio donde tú y tu corte se harán las manos y los pies.

✔ Decide quién estará pendiente del arreglo de la iglesia y del salón.

✔ Establece quién recogerá el alcohol y los regalos al final de la fiesta.

LA IMPORTANCIA DE UN COORDINADOR DE FIESTAS DE QUINCE

El día de tus quince es un momento mágico que se pasa volando. Cuando te quieres acordar, la ceremonia religiosa y la fiesta han pasado y te preguntas, ¿en qué momento se terminó la fiesta que organicé junto a mi familia por varios meses? Y es cierto… así que lo mejor es que pienses en un coordinador para tu fiesta.

Lo he mencionado en varias secciones de esta guía porque, aunque deberás destinar un presupuesto para ello, será un alivio para ti ese día tan especial. La fecha de tus quince es un momento para relajarte y disfrutar en el salón de belleza, arreglándote el pelo y haciéndote las manos y los pies. No es el momento para pensar dónde deben ir las flores o si llego la comida.

Si no tienes dinero para contratar por un día entero a un coordinador de fiestas, identifica quién de tu familia puede asumir esa tarea. Tendrá que ser alguien que tenga capacidad de decisión, y que tenga la capacidad de entender lo que tú y tu familiar más cercano quieren en ese momento.

La personalidad del coordinador de fiesta es una combinación de alguien seguro y firme, con buenos modos para decir las cosas que no están bien hechas y con capacidad de improvisar y decidir a última hora si algo no marcha según lo planeado. Será alguien sencillo, capaz de hacerse cargo de mover una caja que no está en un buen lugar.

Antes de la fiesta, revisa con el coordinador sus responsabilidades así como el programa del día de la celebración. Si te acompaña al ensayo, preséntalo a los involucrados e informa que el coordinador estará allí para resolver inquietudes de último minuto y hacer que todo marche como reloj.

No olvides enviarle una nota de agradecimiento una vez que todo haya concluido.

¿Y SI NO TENGO UN COORDINADOR DE FIESTAS?

Tú y tu familiar más cercano que están planeando la fiesta de quince, con la lista de tareas y asignaciones en mano, deberían tener claro entonces quién va a responder por cada componente de la fiesta.

MODELO DE AGENDA PARA LOS QUINCE

Ahora que ya ultimaste los detalles finales, aquí te brindo un ejemplo de cómo sería, momento a momento, el día de tu fiesta inolvidable:

- ➤ Desayuno saludable.
- ➤ Cita en el salón de belleza o con el peinador.
- ➤ Salida de casa y llegada al lugar de la ceremonia religiosa.
- ➤ Celebración de la ceremonia religiosa.
- ➤ Fotografías.
- ➤ Bienvenida de la familia a los invitados.
- ➤ Firma del libro de recuerdos por parte de los invitados.
- ➤ Entrada al salón de los invitados.
- ➤ Fiesta.
- ➤ Entrada triunfal de la quinceañera y su corte de honor.
- ➤ Presentación del vals con papá y la familia cercana.
- ➤ Presentación del baile central con la corte de honor.
- ➤ Realización de rituales seleccionados.
- ➤ Brindis y palabras.
- ➤ Corte de la torta.
- ➤ Cena.
- ➤ Intermedio (sorpresa y fotos con las otras mesas de invitados).
- ➤ Postre.
- ➤ Se abre el baile, hora loca y despedida.

TEN EN CUENTA:

Asignar quién de la familia se encargará de:

✔ saludar a los invitados;

✔ hacer pagos a proveedores;

✔ recibir y revisar la colocación de las flores o centros de mesa;

✔ arreglar el salón;

✔ arreglar el sonido y la música;

✔ llevar los regalos;

✔ colocar señales direccionales si se necesitan;

✔ estar pendiente de la corte de honor;

✔ cuidar de los artículos que usarás para los rituales.

EN RESUMEN...

¡Todo está listo! Bueno... casi todo... Ahora es tiempo de revisar detalles mínimos que no requieren mucha preparación, pero sí necesitan atención.

Asegúrate de tener una lista de chequeo con esos detalles pequeños y con asignaciones para no tener que preocuparte por nada ese día.

De igual forma, considera contratar un coordinador para tu fiesta. Si no puedes pagar uno, prepara una buena lista con los detalles y escoge uno de tus familiares para que haga esa tarea. ¡Y tú relájate y disfruta de los días previos al gran día!

A continuación te presento la sección correspondiente al organizador central de tus quince presentado al principio del libro, para que tomes atenta nota de todos los detalles que forman parte de los últimos detalles.

EL ORGANIZADOR CENTRAL DE TUS QUINCE

ÚLTIMOS DETALLES

Quedan _____ días para mis quince (coloca los días que te quedan hasta el día de la fiesta aquí).

Escoge un miembro de la familia o un coordinador quien supervisará la organización y los detalles.	(✓)
Revisa el presupuesto y actualiza los gastos.	
Realiza una agenda para todo el día de la celebración.	
Actualiza la lista de proveedores clave para el día de la celebración.	
Compra los materiales y regalos para los ritos religiosos importantes.	
Confirma planes con el sitio del evento, empresa de renta de sillas y adicionales, pastel, comida y ayudantes.	
Confirma quién de la familia te transportará el gran día o si contratarás un servicio de transporte.	
Revisa con tu familiar más cercano cómo sentarás a los invitados.	
Confirma la cita en el salón de belleza.	
Toma la decisión final sobre tu peinado y maquillaje.	
Mídete el vestido por última vez.	
Prepara unas palabras de agradecimiento.	
Conversa con tu fotógrafo sobre ideas de fotografías especiales para el gran día.	

Ya estás en condiciones de saber:

➤ cuánto gastarás aproximadamente;

➤ información básica de tus proveedores;

➤ si tendrás un coordinador de fiesta o no;

➤ a quiénes seleccionarás dentro de la familia para ayudar a hacer realidad cada componente o detalle de la fiesta.

NOTAS PARA RECORDAR:

_____

_____

11

Y finalmente...
¡el gran día!

"El día de la celebración de mis quince hice un acuerdo con mis amigas que me acompañaban en la corte de honor: solamente íbamos a disfrutar y a reír. Y así lo hice desde que me levanté... Mi tía me preparó un desayuno delicioso con muchas frutas y luego pasé la mañana en el salón, mientras algunos de mis familiares se encargaron, junto a mi mamá, de revisar que cada detalle estuviera perfecto para ¡mi entrada triunfal!".

Diana María
Denver

¡LLEGÓ EL DÍA TAN ESPERADO!

Ideas fabulosas para una gran fiesta quinceañera

- Acuéstate temprano el día anterior.

- Come comida saludable y ligera y toma mucha agua el día anterior.

- ¡Relájate y disfruta!

Hay mucho que tener el cuenta el día de la celebración de los quince y, en medio de la emoción, el nerviosismo y la alegría, es muy fácil olvidar cosas que debemos tener. En este capítulo refresco un poco tu memoria y te ayudo a crear una lista muy corta de esas pequeñísimas pero importantes partecitas de tu fiesta:

- ➤ vestido;
- ➤ zapatos bajos;
- ➤ zapatos de tacón;
- ➤ guantes (si los usarás);
- ➤ joyería;
- ➤ medias veladas;
- ➤ corona o tiara;
- ➤ ropa interior;
- ➤ bolsa de maquillaje de emergencia;
- ➤ medias veladas adicionales;
- ➤ esmalte para uñas del color que tienes en tus manos y tus pies;
- ➤ pinzas de pelo;

➤ cepillo y peinilla;

➤ laca;

➤ teléfono celular (solo que se lo das a tu coordinador o lo dejas en la cartera);

➤ aguja e hilo;

➤ alfileres de gancho o imperdibles (¡nunca sabes cuándo los necesitarás!)

➤ botella de agua;

➤ pañuelo o Kleenex;

➤ lista de chequeo;

➤ lista de proveedores;

➤ barra de cereal.

DESAYUNA BIEN

¡Es mi mejor recomendación! El día será largo y, aunque preveas comer toda la comida durante la cena, nunca sabes lo que puede pasar y puede que termines ¡sin probar bocado!

Así que mejor, al levantarte, toma un buen desayuno que contenga las proteínas y los nutrientes necesarios. Tampoco decidas comer unos huevos con carne o unos tacos, pues esto resultará muy pesado considerando toda la energía que necesitas durante el día.

DEJA QUE TE CONSIENTAN

Disfruta cada momento, no permitas que nadie arruine tu felicidad. Si tu prima menor decidió no venir a tu fiesta, ella se lo pierde. No te mates pensando qué fue lo que la hizo enojar.

Llega temprano al salón de belleza y ponte ropa ligera. Una camisa con botones en el centro es la mejor recomendación, ya que cuando tengas que colocarte el gran vestido, será mas fácil quitártela y no arruinará el bello trabajo que han hecho en tu pelo.

Lleva zapatos cómodos y evita estar de un lado a otro para que cuando llegue la fiesta no estés muerta del cansancio.

EN RESUMEN...

¡Llegó el día! ¡Y con ello la expectativa de ver a todos tus invitados, de hacer la entrada triunfal! Ya todo está listo, solo tienes que disfrutar...

La bella experiencia de tus quince primaveras... ¡Felicidades!

EL ORGANIZADOR CENTRAL DE TUS QUINCE	
Y... ¡LA LLEGADA DEL GRAN DÍA!	
Revisa que el vestido y los accesorios estén en orden.	(✓)
Desayuna saludable y nutritivamente, será una jornada larga.	
Llega a tiempo al salón de belleza donde te arreglarás.	
Asegúrate de tener tu kit de emergencia a mano que incluya celular, maquillaje y hasta un esmalte para tus uñas.	
¡Diviértete!	

NOTAS PARA RECORDAR:

_____

_____

_____

_____

12

. . . .

¿Y si no quiero una fiesta de quince?

"Mis quince años los celebré haciendo realidad no uno, sino dos de mis más preciados sueños. Mis padres me llevaron a ver la obra Evita en los teatros de Broadway en Nueva York. Simplemente no tengo palabras para expresar mi emoción. Ese fue el día más feliz de mi vida. Todavía lloro cuando lo recuerdo. Por un lado, me encanta la actuación y estudio teatro desde pequeña. Así que siempre había anhelado asistir a una obra de Broadway en Nueva York. Por otro lado, adoro a Ricky Martin y me atrevo a decir que soy su fan número uno en el mundo entero. ¡Bingo! Con Evita pude ver en persona a Ricky y sentarme en primera fila en una obra de Broadway. No creo que una fiesta de quince me haya dado la felicidad que sentí en ese momento. Fue una experiencia simplemente inolvidable".

Adriana
Perú

Un vestido de princesa, un apuesto chambelán, una entrada triunfal a un inmenso salón, una corte de honor, una radiante decoración, muchos invitados, un espectacular baile y, en general, "una fiesta de ensueño" sin lugar a dudas conforman la manera más habitual y tradicional de celebración de los quince. Como has podido darte cuenta al leer este libro, no solo las jovencitas sino también sus padres y familiares esperan con gran emoción la llegada de los quince años y, literalmente, acostumbran a "botar la casa por la ventana" con una inolvidable fiesta de quince.

Podemos decir, sin temor a equivocarnos, que la gran mayoría de las quinceañeras y sus familias escogen celebrar su cumpleaños con una gran fiesta. Sin embargo, una fiesta no necesariamente es la mejor opción para todas las quinceañeras. Si este es tu caso, muy seguramente no deseas una fiesta de quince por alguna de las siguientes razones:

➤ Eres consciente de que tu familia no cuenta con el presupuesto para planear una gran celebración de quince.

➤ Algunas creencias y tradiciones familiares te impiden planear una fiesta.

➤ Consideras que una fiesta de quince es un desperdicio de dinero.

➤ Estás enfocada en tu futuro y prefieres invertir ese dinero en tus estudios.

➤ Tienes un gran sueño y prefieres hacer ese sueño realidad en vez de tener una fiesta.

➤ Eres tímida, poco sociable y reservada. Prefieres cualquier otra cosa menos una fiesta.

➤ No te gusta o no sabes bailar y por lo tanto no le ves sentido a tener una fiesta.

➤ Simplemente no te gustan las fiestas y sabes que no vas a disfrutar el momento.

Cualquiera sea la razón, estás en todo tu derecho de no querer una fiesta de quince. Sin embargo, tus quince años no deben pasar desapercibidos porque representan un momento memorable en la vida de cualquier mujer, dado que le darás la bienvenida a muchos cambios, extraordinarias oportunidades e interesantes desafíos. Por lo tanto, es la ocasión perfecta para brindar por esta maravillosa etapa de transición de niña a mujer.

Si definitivamente no quieres una fiesta, hay muchas otras ideas interesantes para celebrar tus quince. Desde el más sencillo brindis con tus familiares hasta un gran viaje a otro continente, pueden ser otras de las opciones para celebrar tus quince años.

Para empezar, si la razón para no desear una fiesta de quince es porque no cuentas con un buen presupuesto, entonces ofrecer un sencillo brindis en tu casa rodeada de tus familiares y amigos más cercanos puede ser una buena opción para ti.

Una torta, champagne y algunos pasabocas pueden ser suficientes para celebrar tus quince. Si antes del brindis asistes a una habitual misa con tu familia, entonces el plan es todavía mejor. Al fin y al cabo, lo importante es honrar esta bella etapa de la vida a la cual has llegado y permitirte recibir el amor, las felicitaciones y los buenos deseos de tus seres queridos. Sonar unas cuantas copas, encender las quince velas y pedir tus quince deseos con la fe y convicción de que tus sueños se harán realidad, es también una bonita manera de enaltecer tus quince primaveras.

Si el problema no es de presupuesto sino que simplemente no deseas una fiesta de quince tradicional, entonces hay otras opciones llamativas para ti. A continuación te sugiero algunas ideas divertidas para reemplazar la fiesta de quince.

UN TOUR O CRUCERO DE QUINCE

¡Bueno saberlo!

Por razones obvias, muchos padres se sienten temerosos de enviar a sus hijas a viajes o cruceros para quinceañeras. Sin embargo, es bueno saber que las empresas especializadas en estos tipos de tour ofrecen charlas informativas en las cuales los padres y las quinceañeras tienen la oportunidad de recibir en persona información sobre los viajes, procedimientos, costos, etc. Pero lo más importante, es que pueden conocer directamente al personal de las agencias, los guías acompañantes y verificar cualquier información relacionada con la veracidad y reputación de la agencia.

Un viaje o un crucero para conocer y explorar una parte soñada del mundo es una excelente opción para aquellas jovencitas que no quieren una fiesta, pero cuyos padres o guardianes cuentan con un presupuesto para una gran celebración.

Cada vez son más las quinceañeras que optan por un viaje o un crucero de quince dado que afortunadamente hoy en día es posible encontrar agencias especializadas en el tema y, sobre todo, confiables. Si esto es lo que siempre has deseado, lo mejor que puedes hacer es tomar un tour o un crucero especialmente diseñado para quinceañeras. De esta manera, además de conocer otras partes del mundo, también podrás tener la oportunidad de conocer y compartir con otras quinceañeras y, por supuesto, darte un bagaje cultural que será muy positivo para tu madurez y tu futuro.

POSIBLES DESTINOS

En cuanto a cruceros y tours, las posibilidades son muy variadas. Puedes estar segura de que encontrarás paquetes de viajes que te llevarán a los lugares que quieres conocer y que también se adapten a tu presupuesto. La siguiente es la lista de los destinos más solicitados por las quinceañeras:

TOURS O CRUCEROS PARA QUINCEAÑERAS	
REGIÓN	**DESTINOS**
Norteamérica	Orlando, Disney, Miami, Las Vegas, El Gran Cañón del Colorado, Los Ángeles, Nueva York, Cataratas del Niágara, Washington, Chicago, Marquette, Hawái, Cancún, Acapulco y México DF.
Suramérica	Santiago, Bariloche, Bueno Aires, Iguazú, Angra dos Reis, Buzios, Río de Janeiro, Ilhabela, Montevideo, Punta del Este, Cartagena de Indias y San Andrés. Es posible encontrar dos tipos de viajes: Suramérica Verano y Suramérica Invierno.
Centroamérica	Bahamas, Puerto Rico, Panamá, Aruba, Curazao y Riviera Maya. En vez de un tour, usualmente lo que se hace es tomar un crucero por el Caribe.
Europa	Londres, París, Ámsterdam, Frankfurt, Viena, Roma, Venecia, Mónaco, Madrid e Islas Griegas.
África	Cairo, Río Nilo, Johannesburgo, la Ciudad del Oro y los diamantes, Parque Kruger, Ciudad del Cabo, Lago Manyara, Lago Naivasha. Algunos paquetes ofrecen safaris a diferentes parques y reservas naturales.

La mayoría de los paquetes para quinceañeras ofrecen un tour por diferentes ciudades. Por ejemplo, es posible encontrar un tour que te lleve a Las Vegas, El Gran Cañón del Colorado, Los Ángeles y Honolulu. Otros incluso incluyen tour y crucero en el mismo paquete. Por ejemplo, en un solo viaje puedes visitar Orlando, Miami y hacer un crucero por las Bahamas. Otros paquetes te ofrecen un viaje a una ciudad específica como es el caso de algunos paquetes a Orlando.

Si no te animas a hacer un viaje internacional, también podrías explorar la posibilidad de tomar un tour para quinceañeras al interior de tu propio país. Las agencias de viajes también ofrecen tours o cruceros locales especialmente diseñados para quinceañeras.

COSTOS Y DURACIÓN

Los costos y la duración del viaje dependen del destino y de la cantidad de ciudades o sitios a visitar, pero como mínimo debes contar con un presupuesto de $6.000 para este tipo de celebración. Usualmente, los paquetes de viajes para quinceañeras oscilan entre los $5.000 y los $15.000. La buena noticia es que incluyen absolutamente todo: los tiquetes aéreos, traslados al interior de las ciudades, alimentación, alojamiento en hoteles de lujo, guías acompañantes, visitas panorámicas, entradas a parques, museos y demás atracciones, seguro de viaje, ceremonia religiosa, fiesta de quince y hasta detallitos para las homenajeadas. Sin embargo, debes contar con por lo menos $1.000 adicionales para cubrir tus gastos personales durante el viaje.

La mayoría de las agencias solicitan una reservación o registro que puede ser de $100 a $500 y muchas de ellas ofrecen descuentos para quienes se registran con suficientes meses de anticipación (entre ocho y doce meses previos al viaje). Adicionalmente, debes tener en cuenta que las agencias normalmente requieren la totalidad del pago dos meses antes del viaje.

La duración de estos tours o cruceros oscila entre una semana y treinta días. No obstante, lo más usual entre las quinceañeras es tomar un paquete de viajes con duración de quince días.

En el caso de viajes nacionales al interior de tu propio país, es posible que encuentres paquetes mucho más económicos y posiblemente con menos días de duración.

CEREMONIA RELIGIOSA Y FIESTA DE GALA INCLUIDAS EN EL VIAJE

Para aquellas jovencitas que anhelan tomar un viaje de quince, pero que al mismo tiempo no quieren perderse de la experiencia del gran baile con chambelán, el vals, etc., ¡les tengo buenas noticias! Estos paquetes de viaje para quinceañeras suelen incluir una misa de acción de gracias y una gran fiesta de gala donde las jovencitas tienen la oportunidad de vestirse como princesas, bailar el vals con un apuesto chambelán y disfrutar de una gran celebración junto con todas las demás quinceañeras. Si, por el contrario, lo que quieres es escaparte del baile, no te preocupes, el gran baile es opcional y tú puedes decidir asistir solamente como invitada.

Como puedes ver, tomar un crucero o un tour es una excelente opción para celebrar los quince. No solo tienes la gran oportunidad de explorar una parte del mundo y hacerte amiga de muchas niñas de tu edad, sino que al mismo tiempo puedes vivir las habituales tradiciones de una quinceañera como son la gran fiesta de gala y la misa de acción de gracias.

TEN EN CUENTA:

Si decides celebrar tus quince a bordo de un crucero o a través de un tour internacional, ten en cuenta que debes contar con la documentación requerida. Los requisitos pueden variar de país a país pero normalmente debes contar con:

✔   formulario de inscripción;

✔   documento de identificación de la quinceañera y de los padres o adulto responsable;

✔   pasaporte vigente;

✔   visa vigente;

✔   registro civil de nacimiento;

✔   permiso de salida del país;

✔   ficha médica;

✔   certificación de vacunas requeridas (la más requerida es la de la fiebre amarilla).

UNA CUENTA DE AHORRO UNIVERSITARIA O UNA CUENTA DE AHORRO PERSONAL

Si no quieres una fiesta, estás enfocada en tu futuro y anhelas empezar una carrera universitaria, no hay mejor manera que un fondo educativo para invertir el dinero que tus padres o familiares cercanos han ahorrado para tus quince. Una fiesta de quince años podría ser considerada como un gasto o como una inversión, dependiendo de cómo se lo mire. Pero los estudios serán siempre considerados una inversión que te traerá beneficios tangibles en el futuro.

Actualmente es posible encontrar diferentes programas de ahorro diseñados exclusivamente para estudios universitarios. Estos son ofrecidos por bancos u otras entidades. Indaga acerca de las diferentes opciones y selecciona aquella que le dé el mejor rendimiento a tu dinero de una manera segura y estable. Muchos fondos se encargan de transferir el dinero directamente a las universidades evitándote así los inconvenientes de manejar tú misma grandes sumas de dinero y, por supuesto, protegiéndote de la tentación de gastártelo.

¡Bueno saberlo!

Las estadísticas muestran que los costos universitarios en Estados Unidos aumentan un promedio anual del 5%. Por lo tanto, para los jóvenes que hoy tienen quince años y que entrarán a la universidad en aproximadamente tres años, el costo de la matrícula en una universidad privada por el total de cuatro años sería de $150.000 y en una universidad pública sería de $50.000.

En el caso de que tus padres ya te tengan un fondo universitario, entonces podrías decidir poner ese dinero en una cuenta de ahorro exclusiva para ti y tus gastos para cuando seas una mujer adulta. Este dinero podrías usarlo responsablemente en lo que consideres necesario, ya sea ropa, un carro o, por qué no, como parte de la inversión para tu lugar propio o inclusive para tu propio negocio. Lo importante es que asegures tu dinero y lo hagas rendir desde el momento en que cumplas tus quince, hasta cuando decidas invertirlo productivamente en el futuro.

HACER UN SUEÑO REALIDAD

Otra manera divertida de celebrar tus quince años es aprovechar este momento especial para hacer realidad alguno de tus sueños. Este es el momento perfecto para decirles a tus papás que te ayuden a hacer realidad ese sueño tan importante para ti y que seguramente has deseado por años. A continuación voy a compartir contigo sueños que algunas quinceañeras hicieron realidad en sus quince:

- ➤ Conocer un lugar exclusivo como un restaurante, un hotel cinco estrellas o algún sitio paradisiaco para los cuales definitivamente hace falta contar con un presupuesto especial.
- ➤ Conocer una celebridad como cantantes, actores, deportistas, etc.
- ➤ Asistir al concierto de tu artista favorito.
- ➤ Asistir a un evento exclusivo como un *show* de la televisión, los premios Grammy, etc.
- ➤ Asistir a la filmación de una película.
- ➤ Visitar a algún familiar en el extranjero.
- ➤ Hacer alguna actividad extrema, como lanzarte de un paracaídas o parapente.
- ➤ Asistir a una obra de Broadway en Nueva York.
- ➤ Inscribirte en una academia de baile para aprender ballet.
- ➤ Hacer un tratamiento para adelgazar, especial para jovencitas.
- ➤ Hacerte un estudio para un cambio de imagen.
- ➤ Pasar un día entero en un spa recibiendo los más modernos y sofisticados tratamientos de belleza y relajación.

Los sueños son muy personales, así que en tu caso podrías tener un sueño completamente diferente. Si te quieres unir al grupo de jovencitas que celebran sus quince haciendo realidad unos de sus sueños más preciados, te invito a que cierres los ojos y descubras dentro de ti cuál es ese sueño que definitivamente te hará feliz en tu quinceañera. Por supuesto, ten presente escoger hacer realidad un sueño que se ajuste a tu presupuesto.

YO NO QUIERO UNA FIESTA, PERO MIS PADRES SÍ

Algunas jovencitas que no desean fiestas de quince pasan por el gran reto de tratar de convencer a sus padres de olvidar dicha idea. Muchos padres han ahorrado para la fiesta de su hija por años y por lo tanto no es fácil para ellos hacerse a la idea de que su hija no tendrá la tan anhelada y esperada fiesta de quince. Si este es tu caso, a continuación te brindo algunas sencillas recomendaciones que pueden ayudarte a lograr un acuerdo con tus padres.

Habla con tus padres sobre el tema de buena manera. No te alteres, ni grites, ni intentes imponer tu posición. Explícales calmada y detalladamente las razones puntuales por las cuales no quieres una fiesta de quince.

Háblales sin herirlos y sin despreciar sus anhelos. La fiesta de quince significa para tus papás una ilusión y un premio para ti, por lo tanto déjales claro que tú aprecias sus buenas intenciones.

Saca a flote razones contundentes, como lo poco sociable o lo mala bailadora que eres, si ese es el caso. Diles que no tiene sentido hacer una fiesta si tú no vas a disfrutarla.

Haz una comparación de las ventajas y las desventajas de la fiesta respecto a cualquier otra idea que tengas en mente. Pon el énfasis en las ventajas y en los beneficios que recibirán tanto tú como ellos mismos si celebran tus quince de manera diferente.

En caso de que quieras un viaje de quince, invita a tus padres a una de las charlas informativas que ofrecen las agencias de viajes y diles que te acompañen sin ningún compromiso.

En caso de que el acuerdo se torne difícil, trata de llegar a un punto medio con ellos. Por ejemplo, si ellos quieren una gran fiesta y tú no, una posible solución sería hacer una reunión pequeña y sencilla en tu casa. Así, con el dinero restante, podrías abrir una cuenta de ahorro o hacer realidad uno de tus preciados sueños.

Si tus padres definitivamente son muy difíciles de convencer, recurre a otros adultos de la familia para que intercedan por ti.

EN RESUMEN...

Cumplir quince años es un momento memorable en la vida de cualquier mujer y por lo tanto merece ser celebrado de alguna manera. Lo más habitual, por supuesto, es tener una gran fiesta de quince.

Sin embargo, hay muchas jovencitas que no desean una fiesta por muchas razones diferentes. Si este es tu caso, hay muchas otras maneras creativas de reemplazar la tradicional fiesta de quince. Puedes ser tan creativa y original como quieras. Lo más importante es que un día tan especial como este no pase desapercibido.

Si no quieres una fiesta pero tus padres sí, habla con ellos de buena manera. No los hieras y exprésales tu agradecimiento por sus deseos de homenajearte. Traten de acordar algo que los haga felices a todos y, en caso de ser necesario, recurre a otros adultos de la familia para que intercedan por ti.

Después de leer este capítulo, habrás explorado otras maneras llamativas para celebrar tus quince tales como:

➤ Tomar un tour o un crucero exclusivo para quinceañeras.
➤ Abrir una cuenta de ahorro para tus estudios o simplemente una cuenta personal para ser utilizada en el futuro.
➤ Hacer un preciado sueño realidad, como por ejemplo: conocer un lugar exclusivo, conocer una celebridad, asistir al concierto de tu artista favorito, visitar a algún familiar en el extranjero, hacer alguna actividad extrema como lanzarte de un paracaídas, asistir a una obra de Broadway en Nueva York, pasar un día entero en un spa, entre otros.

NOTAS PARA RECORDAR:

13

Tu vida a los quince años

"Mis quince han sido una época crucial en mi vida, no solo por lo bien que la pasé en mi fiesta, sino sobre todo por lo que he vivido. Ahora tengo un poco más de libertad para ir a fiestas y compartir con mis amigos. Lo más chulo es que tengo novio, se llama Felipe. A mi mamá le cae bien pero parece que a mi papá no tanto. Pero yo lo entiendo, él se preocupa por mí porque soy su hijita consentida. Eso es normal. Sin embargo, ahora ando concentrada pensando en mí misma y mi futuro. Tengo que decidir entre estudiar Psicología o Ingeniería. Aún no estoy segura, pero lo que sí tengo claro, es que quiero estudiar y prepararme para ser una mujer independiente. Después de terminar mi carrera pensaré en casarme y tener hijos. No sé si será con Felipe, aún no pienso en eso. Por ahora solo quiero disfrutar mis quince y prepararme".

Laura
Puerto Rico

Cumplir los quince años es un acontecimiento importante en la vida de cualquier mujer. No importa el tipo de celebración que hagas, siempre es un momento lleno de mucha felicidad, ilusión y optimismo. Quizás el único punto negativo de llegar a los quince, es que ahora ya has dejado de ser una niña para siempre.

A partir de este momento ya eres considerada por tu familia, amigos, y en general por la sociedad, como toda una joven mujer que se prepara para afrontar su edad adulta. Se puede decir que estás en la plena flor de la vida. Esta es la etapa en que cualquier ser humano, y especialmente tú como mujer, sienta las bases y se prepara para vivir una adultez saludable, próspera y feliz.

Los recuerdos de la celebración de tus quince perdurarán en tu corazón y en tu memoria por siempre. Pero llegar a los quince años no solamente es cuestión de la celebración. Cumplir quince años para una mujercita realmente significa mucho más que una fiesta.

Desde ahora y hasta cuando cumplas legalmente la mayoría de edad, vivirás una de las mejores épocas de tu vida. Muchas cosas interesantes ocurrirán ahora que ya has cumplido los quince años. Puedes dar por hecho que:

➤ esta es la época en que se consolidan las amistades del barrio y de la escuela. Una sólida amistad hoy significa haber ganado un amigo para siempre.

➤ adquirirás un poco más de libertad y la oportunidad de aprender a hacerte responsable de ti misma y de tus actos.

➤ es el período del goce y la diversión. Asistirás a más fiestas y eventos. Compartirás más tiempo con tus amigos.

➤ abrirás tu corazón al amor. Te enamorarás y experimentarás la felicidad del primer amor.

➤ cuidarás mucho más de tu apariencia física pero también de tu equilibrio emocional y mental.

➤ probablemente tengas la oportunidad de ganar tus primeros ingresos trabajando durante las vacaciones o los fines de semana.

➤ podrás adquirir una licencia para conducir ya sea el carro de la familia o el tuyo propio.

> ➤ es el momento en que te proyectas y decides lo que serás y harás en tu futuro.

Estos son solo algunos ejemplos de todas las cosas maravillosas que están por venir ahora que has llegado a la mágica edad de los quince años. Esta es una época para vivirla con mucha energía, ilusión y alegría, pero también con mucha responsabilidad y autoestima.

En las secciones anteriores de este libro hemos cubierto todos los temas concernientes a la celebración de tus quince años, pero podríamos decir que la celebración es solo el inicio de una emocionante etapa en tu vida. Por lo tanto, en este capítulo abarcaremos esos temas que serán centrales en tu vida de quinceañera: los amigos, la familia, los estudios, tus planes futuros, el amor y la motivación personal.

LOS AMIGOS Y LA FAMILIA

¡Bueno saberlo!

Usualmente, las quinceañeras tienden a tener amigas de su misma edad o mayores y amigos hombres usualmente mayores de quince años. Esto es normal dado que por naturaleza las mujeres maduran más temprano que los hombres y eso hace que muchas quinceañeras vean a los jovencitos de quince años no tan maduros como ellas. Por lo tanto, es posible que empieces a interactuar con personas más maduras que podrían tener gran influencia sobre ti. Por eso, ahora más que nunca, debes tener mucho cuidado al escoger tus amistades. No le brindes tu confianza a cualquier persona. ¡Se selectiva!

Con el pasar de los años te darás cuenta de que las amistades más valiosas son aquellas que se forjan durante la infancia y la adolescencia. Es en esta etapa de la vida cuando se tiene el tiempo y el espacio para compartir largos ratos con los amigos y establecer sólidas amistades.

Si haces los cálculos, entre el tiempo que pasas en la escuela con tus amigos y las horas que les dedicas a ellos los fines de semana o haciendo cualquier otra actividad extracurricular, prácticamente se puede decir que, sin buscarlo, terminas compartiendo más tiempo con tus amigos que con tu propia familia. De allí la importancia de abrir muy bien tus ojos a la hora de seleccionar tus amistades.

Debido al tiempo que compartes con tus amigos y a las cercanas y entrañables relaciones que construyes durante la adolescencia, las amistades tienden a ejercer una gran influencia sobre ti y pueden impactar significativamente tu futuro. Por lo tanto, ahora que ya eres toda una quinceañera, debes empezar a darles la bienvenida y mantener como amigos a aquellos jóvenes que sean afines a ti, que compartan tus gustos e intereses, que defiendan los mismos valores y principios y que tengan ambiciones y expectativas similares. Por ejemplo, si eres una de esas jovencitas que sueñan con ir a la universidad y convertirse en ejecutivas, entonces trata de acercarte a personas con sueños y metas similares. No hay nada mejor que contar con amigos en los cuales uno pueda apoyarse y con los que puedan motivarse mutuamente.

Así como tus amigos son indispensables en tu vida, tu familia lo es mucho más. Nunca olvides que familia es familia y ellos serán el mejor apoyo y soporte que tendrás por siempre. Algunas jovencitas a esta edad entran en conflicto con sus padres, guardianes o hermanos mayores porque se sienten sobreprotegidas y lo que realmente ansían es tener más libertad. Debido a esto, ellas tienden a alejarse de la familia generando así un gran vacío en su corazón, que sin darse cuenta, puede afectar su estabilidad emocional.

Para evitar este tipo de conflictos debes comprender que mami y papi, o las personas que te cuidan, desean lo mejor para ti y tu futuro. Ellos también tuvieron quince años y saben perfectamente lo que estás sintiendo y experimentando en esta etapa de tu vida. Sin duda tendrás tus propias vivencias y aprenderás de tus propios errores, pero nunca está de más escuchar la voz de la experiencia.

Escucha los consejos que tus padres o familiares cercanos te dan sobre tus amigos. Es importante que tu familia conozca a tus amistades y sepan con quiénes te relacionas. A los quince no siempre se tiene la suficiente astucia para detectar las malas amistades. A veces las cosas no son lo que parecen y así mismo pasa con las personas.

Bríndales tu amistad solo a aquellos que te inspiren completa confianza, que te valoren tal y como eres, a los que te respeten como mujer y te ayuden a crecer en todos los aspectos de tu vida.

TEN EN CUENTA:

Buenos amigos son quienes:

✔   Te hacen sentir bien contigo misma, te valoran y te respetan.

✔   Le aportan a tu vida en vez de restarle.

✔   Te motivan a seguir adelante y te apoyan para hacer realidad tus sueños.

✔   Te dicen la verdad y te hacen críticas constructivas.

✔   Te aceptan tal como eres y no quieren obligarte a que seas como ellos o hagas las mismas cosas que ellos hacen.

✔   Comparten tus mismos principios y valores.

✔   Tienen sueños y metas similares.

✔   Te ayudan a pensar en distintas alternativas para que tú misma decidas en vez de decirte lo que tienes que hacer.

✔   Respetan tu espacio, tu privacidad y tus secretos.

✔   Te hacen reír... y casi, pero casi nunca, te hacen llorar.

LOS ESTUDIOS Y PLANES FUTUROS

Cumplir quince años también implica enfrentar nuevos desafíos y oportunidades. A partir de los quince se toman decisiones muy importantes de la vida y se sientan las bases para lo que será la vida adulta.

A los quince ya estás cerca de culminar tu paso por el colegio y por ende es el momento de tomar la primera gran decisión de tu vida: ¿Qué harás una vez que te gradúes? Las opciones sin duda son muchas. En tu caso, por ejemplo, podrías decidir empezar a trabajar o casarte y dedicarte al hogar. También podrías optar por continuar estudiando, hacer un curso, una certificación o ingresar inmediatamente a una universidad. Todo depende de tus ambiciones y objetivos. Entre más positiva, optimista, visionaria y segura de ti misma seas, más lejos llegarás en la vida.

Prepararte para llegar a ser una mujer económicamente independiente es una opción maravillosa. Nada en la vida es garantizado y las cosas con las que contamos hoy puede que no las tengamos mañana. Por ejemplo, el dinero, los bienes materiales, el trabajo, una pareja, la ayuda económica de nuestros padres, etc., son beneficios que no son eternos y que van y vienen a lo largo de nuestra existencia. Por eso la importancia de ser independientes y valernos por nosotras mismas. Para lograrlo, la mejor opción es estudiar y prepararnos para sacarle el mejor provecho a nuestras habilidades.

¡Bueno saberlo!

Según algunas investigaciones del Departamento de Trabajo de los Estados Unidos, las carreras que tienen y seguirán teniendo más demanda en Estados Unidos son las siguientes:

✔ Informática y comunicaciones: analistas de sistemas, programadores, administradores de bases de datos, desarrolladores de *software*, desarrolladores de páginas web.

✔ Carreras relacionadas con los cuidados de la salud (tanto profesionales como técnicos): médicos, enfermeros, dietistas, rayos X, terapeutas.

✔ Farmacéutica.

✔ Biotecnología: biólogos, bioquímicos, biofísicos, microbiólogos, ingenieros químicos.

✔ Ingeniería.

✔ Maestros de escuela y universidades.

✔ Especialistas en *marketing*.

✔ Representantes de servicio al cliente y representantes de ventas.

Las épocas en que las mujeres dependían económicamente de sus esposos quedaron atrás. Hoy por hoy hay más y más mujeres en el mundo laboral y de hecho hay campos profesionales que ahora son dominados principalmente por mujeres.

Así que hoy cada vez hay más oportunidades para ti. Todo lo que tienes que hacer es aprovechar la energía de tus quince años para pensar positivamente y ambiciosamente sobre tu futuro.

TEN EN CUENTA:

Para decidir sobre tu carrera universitaria:

✔ Identifica tus habilidades y dones.

✔ Haz una lista de las cosas que se te facilitan y disfrutas hacer.

✔ Piensa en tus *hobbies*. A veces a partir de los *hobbies* también es posible hacer una carrera profesional.

✔ Investiga cuáles son las carreras que tendrán más demanda en cinco o diez años.

✔ Que la parte económica nunca sea un obstáculo. Investiga sobre becas o ayuda financiera en tu país. Existen instituciones dedicadas exclusivamente a brindar financiamiento a las mujeres que desean estudiar.

✔ Lo que sea que decidas hacer y estudiar piensa siempre en ser ¡LA MEJOR!

EL AMOR

TEN EN CUENTA:

Un noviazgo a los quince años significa:

✔ Contar con un gran amigo que te acepta tal y como eres pero que al mismo tiempo te ayuda a crecer y te aporta cosas positivas.

✔ Una *mutua* atracción física o emocional entre dos jóvenes que comparten gustos, intereses, expectativas y valores.

✔ Caminar juntos por la vida para compartir experiencias, alegrías y tristezas, mientras se apoyan mutuamente para cumplir sus responsabilidades y alcanzar sus sueños.

✔ Un dar y recibir de cariño y respeto entre dos jóvenes que, ante todo, quieren ser amigos y se valoran y respetan recíprocamente.

✔ Tener a tu lado un gran amigo que no te presiona y está dispuesto a esperarte.

A los quince años, muy seguramente estarás apenas empezando a explorar lo que es el amor. Estar enamorada es sin duda uno de los estados más bonitos y gratificantes de la vida. Por ende, dada nuestra naturaleza humana, es normal que a esta edad empieces a sentirte atraída hacia alguien del sexo opuesto y así mismo habrá jovencitos que se sientan atraídos por ti.

Con suerte, y si tienes padres menos tradicionalistas y un poco más modernos, obtendrás permiso para tener tu primer novio. Si este es tu caso, siempre ten presente que un noviazgo a los quince años representa la oportunidad perfecta para aprender a interactuar y comunicarnos cercanamente con el sexo opuesto, aprender a conocer nuestras diferencias y similitudes, así como también es una excelente oportunidad para madurar, fortalecer nuestra voluntad, estimular la reflexión, el sentido de responsabilidad y el respeto hacia nosotros mismos y los demás.

Un noviazgo a los quince años vivido de manera responsable y sana no solo dejará en ti recuerdos preciosos y muy positivos, sino que además sentará sólidas bases para futuras relaciones más formales y de mayor compromiso, las cuales llegarán a su debido tiempo.

Sin importar la edad a la cual nos enamoramos, las mujeres tendemos a idealizar a nuestra pareja y, apresuradamente, sentimos que la persona con la cual estamos es el amor de nuestra vida. Por lo tanto, cuando se es una quinceañera, es crucial entender que aún no contamos con la madurez ni con la experiencia suficientes para decidir sobre la persona con la cual queremos compartir el resto de nuestra vida. Además, aún tenemos toda una vida por delante, muchas cosas por hacer, miles de sueños por cumplir y extraordinarias metas por alcanzar.

Vive cada etapa de tu vida con intensidad, paciencia y responsabilidad. No quemes etapas prematuramente, y mantente enfocada en las prioridades propias de cada etapa de la vida.

¡Enamórate!… pero siempre ámate más a ti misma y a tus sueños.

MOTIVACIÓN PERSONAL

¡Bueno saberlo!

Al cumplir quince años, oficialmente has dejado de ser una niña. Sin embargo, aún no eres totalmente una adulta. Has adquirido más responsabilidades e independencia, pero aún dependes de tus padres para tomar importantes decisiones. Es probable que te dejen de gustar cosas que antes disfrutabas y que te empiecen a llamar la atención cosas diferentes. Todos estos cambios dan lugar a conflictos que te harán sentir ansiosa y un poco intranquila sobre tu vida y tu futuro. ¡No te preocupes! Son síntomas de la madurez que estás adquiriendo. Es tiempo de afianzar la relación con tus padres y con Dios para que te ayuden a sobrellevar sanamente esta etapa.

Los quince años de edad se podrían describir como esa etapa de la vida en la que una persona se encuentra en el límite entre la niñez y la adultez. Esto es particularmente cierto en la vida de una mujer, ya que ser quinceañera significa el paso de niña a mujer. No obstante, continuamos siendo adolescentes y, por consiguiente, aún seguimos enfrentando las típicas y naturales "crisis" de cualquier adolescente.

Es por eso que, aunque llegar a los quince años es un acontecimiento lleno de alegrías, es prácticamente imposible evitar las crisis y los conflictos propios de esta edad ya que se trata de un proceso natural hacia la madurez. A pesar de eso, tú misma puedes ayudarte a enfrentar esta etapa de cambios de una manera más sana y beneficiosa.

A continuación te presento quince reglas de oro que te mantendrán motivada, con la autoestima alta y en paz contigo misma durante tus quince:

➤ Acéptate tal y como eres, pero siempre busca ser mejor.
➤ Piensa siempre sobre ti misma como lo que realmente eres: ¡El tesoro más preciado!… No todos merecen tenerte.

- ➤ Ignora las críticas destructivas, pero escucha aquellas que te ayuden a mejorar y crecer.
- ➤ Si algo te molesta, entonces ¡cámbialo! Si no lo puedes cambiar, entonces ¡déjalo! Si no lo puedes dejar, entonces simplemente ¡acéptalo! Esto es válido hasta con tu pelo.
- ➤ Aprende de los errores y nunca, nunca, pero nunca te culpes por ellos.
- ➤ Dile ¡sí! a las oportunidades y a las bendiciones que recibes de la vida. ¡Te las mereces!
- ➤ Sé auténtica y única. Vive tu propia vida sin envidiar ni imitar a nadie.
- ➤ Sé paciente contigo misma y con la vida. Todo llega a su debido tiempo y todo pasa por una razón.
- ➤ Confía y aférrate a tus fortalezas, habilidades y conocimientos. Lo que hay en tu mente y en tu corazón permanecerá allí por siempre. Nada ni nadie te lo quitará jamás.
- ➤ Nunca, nunca, pero nunca dejes de proyectarte y tener metas. Las metas son las que le proporcionan sentido a la vida.
- ➤ Pide ayuda siempre que la necesites. Cuenta con tus padres, hermanos y familiares cercanos cada vez que lo necesites. Ellos son tu mejor apoyo.
- ➤ ¡Tú siempre puedes y eres capaz de lograr lo que te propones! Que nadie te diga lo contrario.
- ➤ Ríe, ríe, ríe, ríe, ríe, ríe… y nunca pares de reír. Ríete hasta de tus defectos y errores.
- ➤ Vive tu vida llena de fe en Dios.
- ➤ Siempre recuerda: Si eres mujer… ¡ERES BELLA!

A pesar de los altibajos que se puedan presentar, la dulce realidad es que cumplir quince años es una época maravillosa y llena, sobre todo, de ilusiones, optimismo y muchas bendiciones. A partir de tus quince, debes vivir cada día con la misma alegría con la que celebraste tu quinceañera. Esta es una época para poner tus pies bien firmes sobre la tierra y empezar a proyectar tu vida desde tu corazón.

La mejor motivación personal son tus propias metas. Haz una lista de tus más preciados sueños y pon toda tu energía para hacerlos realidad. Los quince años son una etapa de la vida que merece ser vivida a plenitud, disfrutando las alegrías del presente y añorando los logros del futuro.

EN RESUMEN...

Tu vida a los quince años será indudablemente una de las mejores épocas de tu vida. Muchos cambios y nuevas experiencias están por venir, así como también muchos desafíos y oportunidades.

Los amigos, la familia, los estudios, los planes futuros, el amor y la motivación personal son temas centrales en la vida de cualquier quinceañera. Esta es la época donde se toman las decisiones más importantes de la vida y se sientan las bases para la adultez.

Y ahora que ya estás lista para lo que vendrá, te brindo una tabla extra para concluir la celebración de tus quince y emprender el resto de tu vida.

DESPUÉS DE LA FIESTA	
Revisa los regalos y póliza de devolución en caso de que tengas algunos obsequios repetidos.	(✓)
Prepara tarjetas de agradecimiento para tu corte e invitados.	
Envía las tarjetas de agradecimiento (no más tarde de treinta días después de tu fiesta).	
Si recibiste dinero, abre una cuenta de ahorros para tu fondo educativo o escuela.	
Dedícate a prepararte y a estudiar.	

Después de leer sobre tu vida a los quince años habrás descubierto que este es el momento de:

➤ Forjar amistades positivas que le aporten valor a tu vida.
➤ Estrechar las relaciones con tus seres queridos.

- ➤ Decidir lo que estudiarás y a lo que te dedicarás el resto de tu vida.
- ➤ Proyectarte como mujer y definir tus metas.
- ➤ Abrir tu corazón al amor y prepararte para vivir relaciones sentimentales sanas y responsables.
- ➤ Aprender a conocerte, aceptarte y amarte tal y como eres.
- ➤ Afianzar tus habilidades y conocimientos.
- ➤ Hacer un plan para seguir madurando, mejorando y creciendo.

NOTAS PARA RECORDAR:

REFERENCIAS Y RECURSOS

Capítulo 1: El significado de los quince

LA TRADICIÓN DE LA QUINCEAÑERA

es.wikipedia.org/wiki/Fiesta_de_quince_años

www.archden.org/index.cfm/ID/739

SÍMBOLOS POPULARES EN LA CELEBRACIÓN DE LOS QUINCE EN LATINOAMÉRICA

www.protocolo.org

Capítulo 6: La moda quinceañera y el baile central

PEINADOS PARA QUINCEAÑERAS:

www.dscuento.com.mx/58113-peinados-para-quinceaneras/

BELLEZA:

www.eventosyfiestas.com/quinces/belleza_quinces.htm

Capítulo 7: La decoración y los recordatorios

www.ehow.com

www.tuquinceanera.com

entertainmentguide.local.com/typical-quinceanera-food-4031.html

www.quinceanera.com

Capítulo 8: Las fotos, el video y la música

www.misaelphotography.com

Capítulo 12: ¿Y si no quiero una fiesta de quince?

ESTADÍSTICAS SOBRE LOS COSTOS UNIVERSITARIOS:

www.finra.org/web/groups/investors/@inv/@smart/@college/documents
/investors/p124137.pdf

INFORMACIÓN SOBRE CRUCEROS Y TOURS:

www.viajesparaquinceaneras.net/2012/index.php
www.misquince.co
www.paquetesyviajes.com.mx/paquetes-a-Cruceros/
www.viajesde15.com
www.miss-15.com/viajes.php

Capítulo 13: Tu vida a los quince años

CARRERAS DE GRAN DEMANDA EN ESTADOS UNIDOS:

motionborg.com/aboutus/michello_univision_quote/Las%20carreras%20
del%20futuro.htm
www.forbes.com/2010/05/28/jobs-demand-talent-leadership-careers-wanted
_slide_2.html
money.usnews.com/money/careers/articles/2012/02/27/the-best-jobs-of-2012